CW01211594

Biblioteca visual juvenil

Planeta Tierra

© 2008, Editorial LIBSA
C/ San Rafael, 4
28108. Alcobendas. Madrid
Tel. (34) 91 657 25 80
Fax (34) 91 657 25 83
e-mail: libsa@libsa.es
www.libsa.es

Título original: *Earth*

Traducción: Miguel Sacristán
y Javier Fernández

Edición: Azucena Merino

© MM, Orpheus Books Limited

ISBN: 978-84-662-1160-4

Derechos exclusivos de edición para todos los países de habla española.

Queda prohibida, salvo excepción prevista en la ley, cualquier forma de reproducción, distribución, comunicación pública y transformación de esta obra sin contar con autorización de los titulares de propiedad intelectual. La infracción de los derechos mencionados puede ser constitutiva de delito contra la propiedad intelectual (arts. 270 y ss. del Código Penal). El Centro Español de Derechos Reprográficos vela por el respeto de los citados derechos.

Ilustradores: Julian Baker, Alessandro Bartolozzi, Tim Hayward, Gary Hincks, Steve Kirk, Lee Montgomery, Steve Noon, Nicki Palin, Sebastian Quigley, Alessandro Rabatti, Claudia Saraceni, Peter David Scott, Roger Stewart, Thomas Trojer, David Wright.

CONTENIDO

LA TIERRA

4 LA TIERRA

5 EL MAGNETISMO TERRESTRE

6 LA TIERRA POR DENTRO
La corteza terrestre • El manto • El núcleo

8 LOS FONDOS MARINOS

9 PLIEGUES Y FALLAS

10 LOS SEÍSMOS

12 LOS VOLCANES
Los cinturones de fuego

EL RELIEVE

14 LA EROSIÓN
El Gran Cañón

16 LOS RÍOS

17 LAS CUEVAS

18 LOS GLACIARES

19 LOS DESIERTOS

20 LAS COSTAS
Las olas

LA ATMÓSFERA

22 La atmósfera

23 Las estaciones y el clima

24 El tiempo atmosférico
El ciclo del agua • Los frentes • El rocío y la escarcha • Las nubes

LA HISTORIA DE LA TIERRA

26 La historia de la Tierra
La evolución de la vida • La deriva de los continentes

28 La primera vida

30 Las ciénagas de carbón
De anfibios a reptiles

32 El mundo en el Pérmico
La edad de los reptiles

34 El mundo en el Triásico
Los primeros dinosaurios

36 El mundo en el Jurásico

38 El mundo en el Cretáceo
Iguanodon • Otros herbívoros • Los carnívoros del cretáceo

40 El fin de los dinosaurios
La extinción en masa • Los supervivientes

42 La edad de los mamíferos
Los mamíferos herbívoros • Los mamíferos gigantes

44 Las glaciaciones
La evolución humana

46 Términos usuales

47 Índice

La Tierra

NUEVE PLANETAS, entre ellos la Tierra, giran alrededor del Sol, siguiendo órbitas diferentes. Ordenados por tamaño, la Tierra ocupa el quinto lugar. Se desplaza por el espacio a una velocidad de 30 km/s, y tarda un año en dar una vuelta. Además, gira sobre su propio eje y tarda 24 horas en dar un giro completo. Por esta razón, el Sol aparenta salir al amanecer, recorrer la bóveda celeste y ponerse al anochecer, dando lugar a la alternancia de día y noche. La Tierra no es una esfera perfecta. Su diámetro a la altura del ecuador (la mitad de la Tierra) mide 12.756 km de longitud; sin embargo, la distancia entre los polos (de arriba abajo) es de 12.714 km. El arco o perímetro ecuatorial mide 40.075 km de longitud, mientras que la distancia de un polo al otro y vuelta al primero es tan sólo de 40.008 km.

El vecino más próximo a la Tierra es la Luna. Tiene un diámetro de 3.475 km aproximadamente, una cuarta parte del de la Tierra; sin embargo, su volumen es una tercera parte del de nuestro planeta. Esto es debido a que las rocas que la componen no son tan densas. La Luna es ocho veces menos pesada que la Tierra.

La Tierra es uno de los planetas interiores, llamados «mundos de bola de cañón», el tercer planeta más próximo al Sol y está compuesto casi en su totalidad de material rocoso.

CLAVE
1 *Mercurio*
2 *Venus*
3 *Tierra*
4 *Marte*
5 *Júpiter*
6 *Saturno*
7 *Urano*
8 *Neptuno*
9 *Plutón*

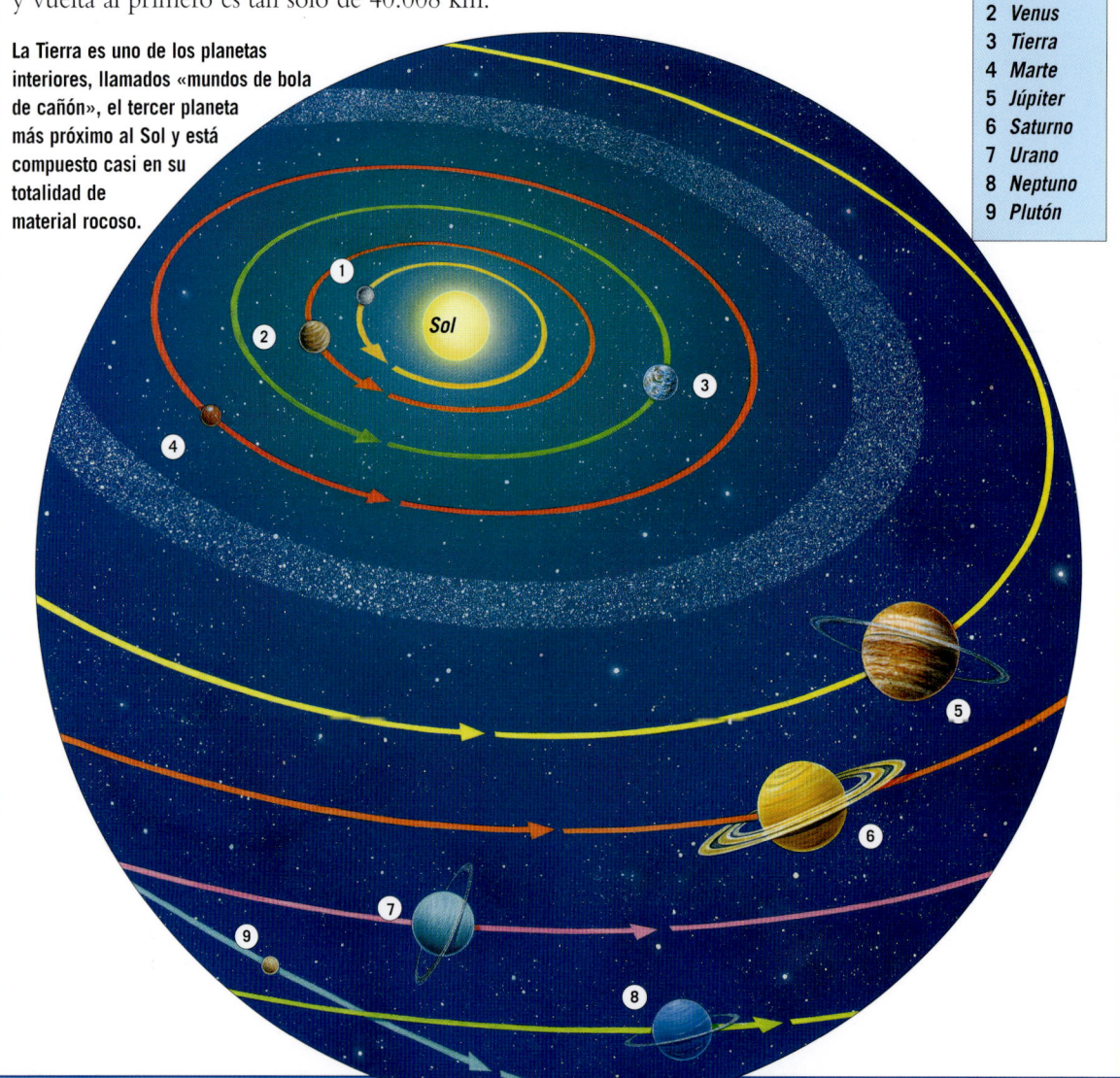

El magnetismo terrestre

LA TIERRA cuenta con su propio magnetismo: un campo invisible de fuerza magnética que nos rodea. Aunque no lo podamos percibir debido a su debilidad, este campo afecta tanto a los materiales que se componen de hierro, como a los imanes. Se detecta con la ayuda de una brújula, cuya aguja se orienta en dirección norte-sur según las líneas magnéticas de la tierra, gracias a lo cual podemos leer mapas y orientarnos.

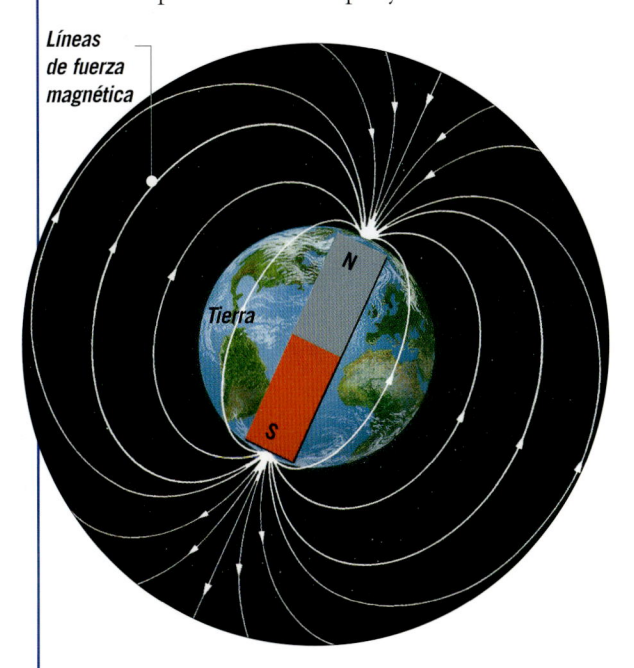

Cola magnetosférica

Partículas solares

La Tierra

El magnetismo terrestre se extiende a través del espacio gracias a la magnetosfera. Cuando el viento solar, rico en partículas de alta energía, le azota por uno de sus lados le obliga a adoptar la forma de una lágrima.

Líneas de fuerza magnética

Tierra

El campo magnético se extiende en el espacio y nos protege de las partículas de alta energía solar. Algunas son atraídas por los polos magnéticos produciendo grandes cortinas de luz incandescente en el cielo nocturno denominadas aurora *(arriba)*.

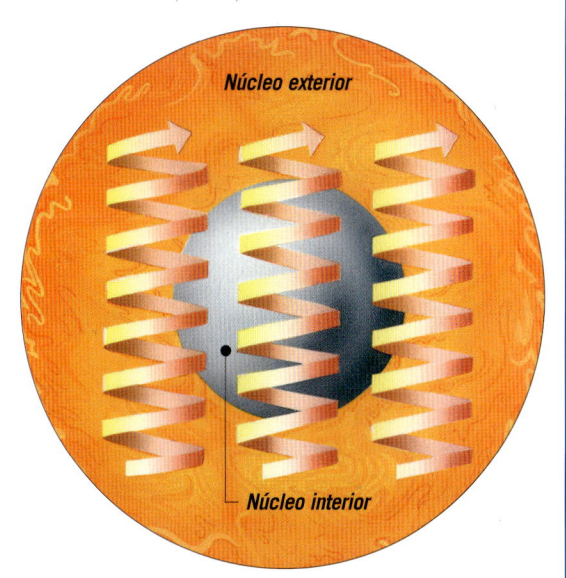

En los polos magnéticos norte y sur el campo magnético terrestre se manifiesta con toda su intensidad. En ellos las líneas magnéticas se dirigen hacia dentro de la tierra, como si en el interior existiera una gigantesca barra inmantada.

El campo magnético de la Tierra es probablemente el resultado de los sucesos que acaecen en su núcleo exterior, que está compuesto de hierro a una profundidad aproximada de 2.900 km de la superficie. Debido a la presión existente a tal profundidad, la temperatura es altísima —más de 4.000° C—, de modo que el metal se encuentra en estado líquido. Las corrientes térmicas y el movimiento de rotación de la Tierra provocan en el mineral un movimiento en espiral. Estos desplazamientos gigantescos generan electricidad, la cual a su vez crea el campo magnético.

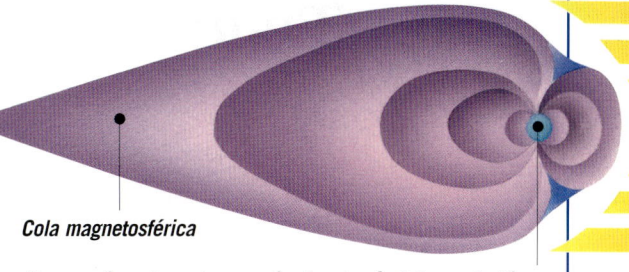

Núcleo exterior

Núcleo interior

Los científicos piensan que la enorme cantidad de energía térmica junto con el movimiento rotatorio de la Tierra hacen que el metal de hierro en estado líquido se mueva en espiral, lo que genera la electricidad responsable de la existencia del campo magnético terrestre.

La Tierra por dentro

VISTA DESDE FUERA, la Tierra parece sólida y dura. Sin embargo, si fuéramos capaces de excavar un agujero de casi 6.400 km hasta el centro del planeta, nos daríamos cuenta de que no es así. La temperatura aumenta con la profundidad: el incremento medio es de 3 °C por cada 100 m. En seguida hace tanto calor que las rocas se funden. De dentro afuera, se pasa desde las diferentes capas de materiales rocosos que forman la corteza, a través del manto compuesto de silicatos viscosos, hasta el núcleo exterior en estado líquido. En el núcleo interior de la Tierra ya no hay rocas, sino metal de hierro en estado sólido.

La corteza terrestre

Hasta el momento lo más hondo que hemos alcanzado a excavar han sido 15 km de profundidad. La corteza, en proporción con el resto de la Tierra, tiene menos espesor que la piel de una manzana con respecto al fruto entero. Está compuesta de rocas y es de grosor variable. Bajo los océanos tiene un espesor de entre 5 y 10 km y está formada de basaltos principalmente. El espesor bajo los continentes es de entre 35 y 70 km y se compone de rocas graníticas. Cuanto más alta es una cordillera, mayor es el grosor de la corteza por debajo. La corteza no forma un bloque sólido, sino que se divide en placas rígidas que se mueven unas respecto de las otras.

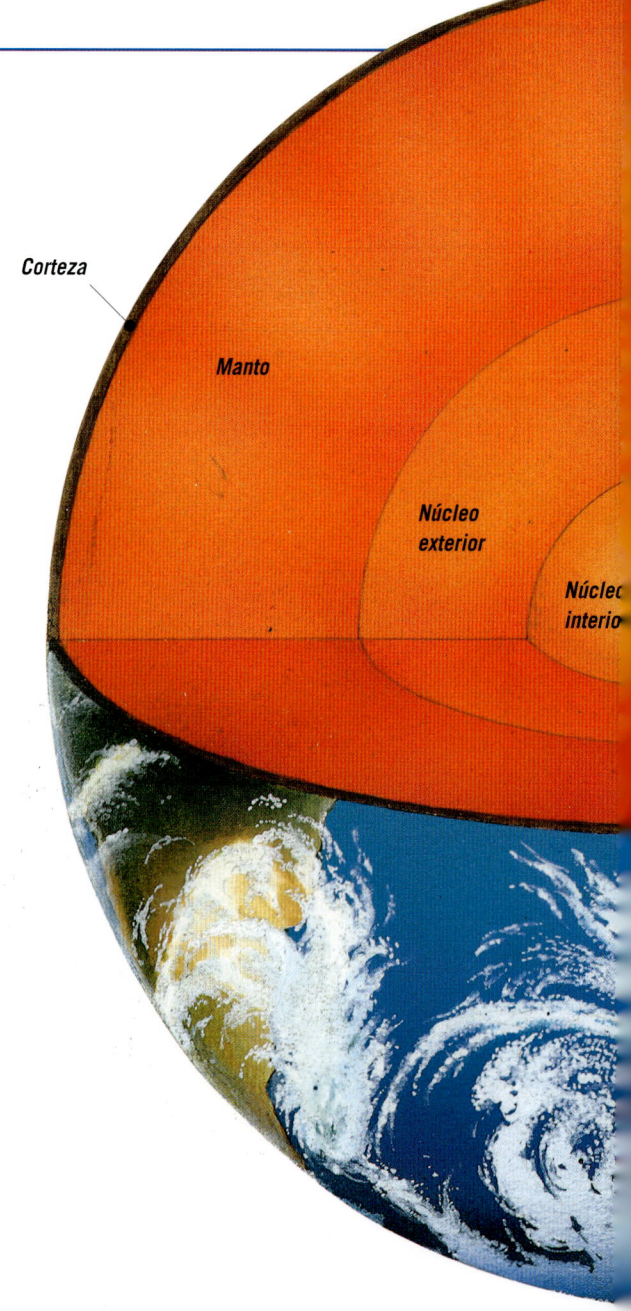

Corteza
Manto
Núcleo exterior
Núcleo interior

Manto
Gotas de hierro
Corteza terrestre
Núcleo

Las cuatro capas principales de la Tierra son la corteza, el manto, el núcleo exterior y el interior. En la transición entre la corteza terrestre y el manto se observa un aumento importante de la temperatura que puede llegar a alcanzar los 1.500° C. Se denomina discontinuidad de Mohorovicic en honor al geólogo que la descubrió, y se conoce también como Moho. El manto tiene un espesor de alrededor de 2.900 km. La siguiente capa es el núcleo exterior, con un grosor de 2.200 km. En el centro se halla el núcleo interior, que es una bola sólida de hierro de 2.500 km de radio aproximadamente.

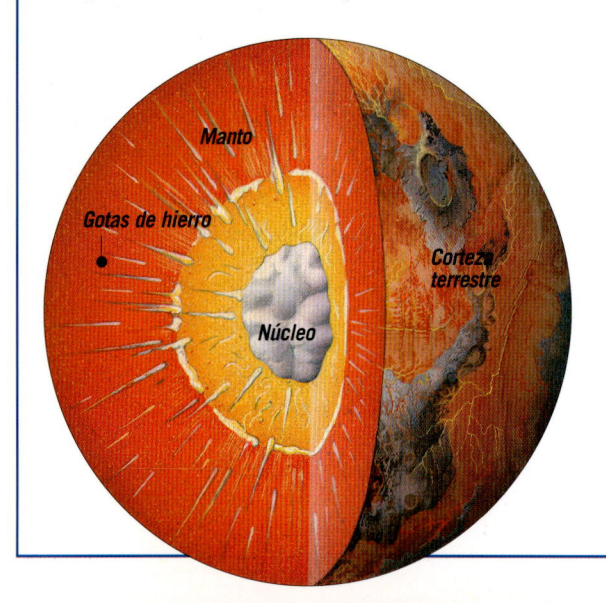

Hace unos 4.600 millones de años, la Tierra se formó a partir de la agrupación de materia proveniente de nubes de gas y polvo que flotaban en el espacio. Esto produjo un gran aumento de la temperatura, de modo que en un primer estadio de evolución la Tierra no era más que una esfera incandescente. El hierro, el material más pesado de todos los que la componen, precipitó en forma de gotas hacia el centro a través del magma. Éstas se fueron haciendo cada vez más grandes hasta formar el núcleo interior de la Tierra.

El núcleo

En el límite interior del manto se produce un cambio brusco de repente: los materiales que lo componen dejan de ser rocas y pasan a ser metales, hierro principalmente, mezclado con pequeñas cantidades de níquel. En la capa exterior del núcleo la temperatura asciende según aumenta la profundidad hasta llegar a alcanzar más de 3.000° C cerca del límite con el núcleo interno, cuya temperatura puede que llegue a ser quizá de hasta 7.500° C en el centro del planeta. Debido a la enorme presión a la que se ven sometidos –varios millones de veces la existente en la superficie–, los cristales de hierro se encuentran en estado sólido.

¿Cómo podemos saber la composición y el aspecto del interior de nuestro planeta si nadie ha podido nunca excavar tan hondo? La repuesta la obtenemos estudiando el modo en que las ondas sísmicas se propagan alrededor y a través de la tierra, y también por medio de los meteoritos. Los terremotos producen ondas de choque, algunas de las cuales no pueden atravesar el núcleo externo, lo que nos indica que se encuentra en estado líquido. Sabemos que el núcleo es de hierro puesto que así es la composición de los meteoritos, que se cree que son los restos de un antiguo planeta similar a la Tierra que explotó en tiempos remotos.

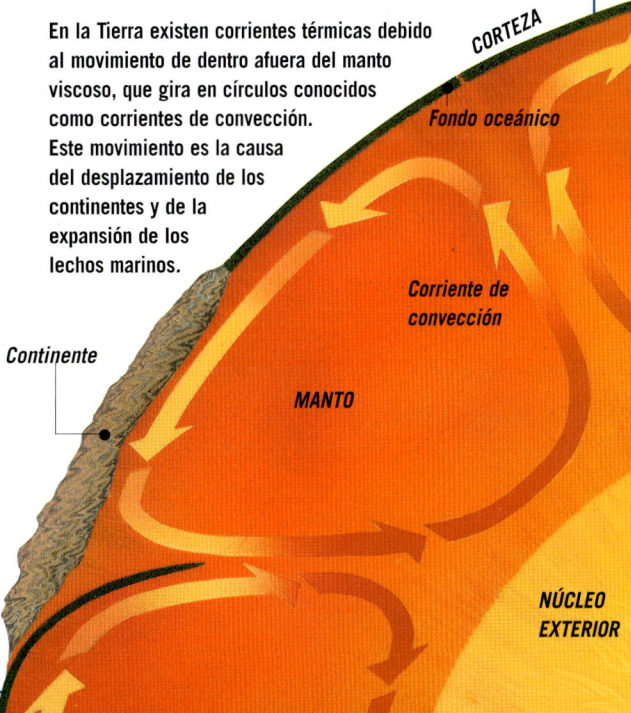

En la Tierra existen corrientes térmicas debido al movimiento de dentro afuera del manto viscoso, que gira en círculos conocidos como corrientes de convección. Este movimiento es la causa del desplazamiento de los continentes y de la expansión de los lechos marinos.

CORTEZA
Fondo oceánico
Corriente de convección
Continente
MANTO
NÚCLEO EXTERIOR

El manto

El manto cuenta con dos capas. La exterior tiene 600 km de espesor y está compuesta de una mezcla de cristales de roca con silicatos viscosos o líquidos, que llamamos magma. La temperatura en su interior es de 2.000° C y la mezcla está en constante movimiento. La presión es enorme, y a veces el magma es expulsado violentamente hacia la superficie de la corteza terrestre a través de fisuras y grietas, creándose así un volcán. La presión a la que el manto interno se encuentra sometido es tan grande que las rocas que lo componen se hayan en estado sólido, aunque tienen plasticidad y se mueven lentamente.

Los fondos marinos

ALREDEDOR del 71% de nuestro planeta está cubierto de agua. El océano más grande es el Pacífico, que cuenta con una extensión de 166 millones de km², casi la misma área que el resto de océanos y mares juntos. El paisaje en tierra firme cuenta con altas montañas; planicies, llanuras y mesetas; valles, barrancos y cañones. Bajo las aguas el paisaje es similar aunque a mayor escala. La montaña continental más alta es el monte Everest en la cordillera del Himalaya, con 8.848 m de altitud; sin embargo, la montaña más alta de base a cima es Mauna Kea, en el archipiélago hawaiano, que cuenta con 10.205 m de altura, 6.000 de los cuales se encuentran por debajo de las aguas. El Everest quedaría cubierto por las aguas en la zona más profunda del océano: la estrecha fosa de las Marianas al noroeste del océano Pacífico, cerca de Japón, que tiene una profundidad de 10.911 m. La profundidad media del Pacífico es de 3.950 m. Sus llanuras abisales son casi tan extensas como toda la tierra firme.

Los bordes de los continentes no son sus líneas costeras. Desde ellas se extiende mar adentro un lecho marino que no supera los 200 m de profundidad hasta una distancia entre 50 y 100 km. Este lecho, conocido con el nombre de plataforma continental, forma parte de la corteza continental. A partir de este punto empieza el talud continental y la profundidad aumenta hasta los 2.000 o 2.500 m. Más abajo, y tras una elevación menos brusca, se encuentra el lecho oceánico, llamado llanura abisal, a entre 4.000 y 4.500 m de la superficie.

Si se pudieran desecar los océanos podríamos ver la morfología de los fondos marinos. La plataforma continental se alarga desde la tierra y se desploma hasta la llanura abisal. Los volcanes submarinos son montañas sumergidas. Los picos altos que sobresalen por encima de la superficie del océano forman islas. A lo largo de la dorsal centro-oceánica se forma continuamente nueva corteza mediante la expansión de los fondos oceánicos. En las zonas de subducción, que se encuentran en las fosas del Pacífico, la corteza oceánica se desintegra en el manto viscoso subyacente.

PLIEGUES Y FALLAS

LAS PRINCIPALES características de la morfología terrestre son el resultado del movimiento de las placas y de la deriva de los continentes. Si en una zona de colisión entre placas una de ellas queda aprisionada, la roca sólida acaba arrugándose, los estratos que la componen forman pliegues ondulados, la superficie de la tierra se proyecta hacia arriba y se crean cadenas de colinas o incluso cordilleras montañosas. Las fuerzas erosivas de la naturaleza –el viento, la lluvia, el sol, el hielo y la nieve– a veces desgastan el relieve a la misma velocidad a la que se eleva, de modo que la superficie se mantiene baja y ondulada. Sin embargo, si los pliegues se levantan rápidamente se forman picos altos e irregulares. Las cordilleras más imponentes de la Tierra –el Himalaya, los Andes, las Montañas Rocosas y los Alpes– son el resultado de dichos plegamientos.

También ocurre que la roca se puede estirar o doblar, llegándose a fisurar por los lugares más débiles. Estas zonas de fractura se llaman fallas. Son rectilíneas o zigzagueantes, y forman valles anchos o angostos. Cuando un bloque o una franja de terreno se hunde entre dos fisuras, se crea un valle de laderas muy pronunciadas llamado graben. Si el deslizamiento es hacia arriba se llama horst.

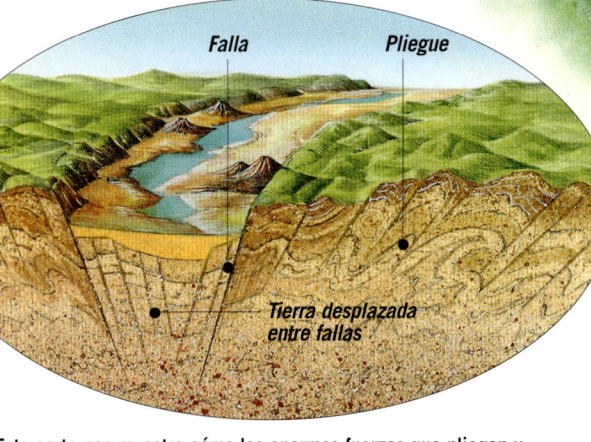

En rojo el área agrandada

Este corte nos muestra cómo las enormes fuerzas que pliegan y fracturan las rocas son las responsables de la morfología del relieve. Una gran porción de terreno se ha hundido entre dos fallas y se ha creado un valle ancho de laderas pronunciadas. A ambos lados del mismo vemos los plegamientos, alguno de los cuales se llega incluso a dar la vuelta sobre sí mismo (pliegue tumbado).

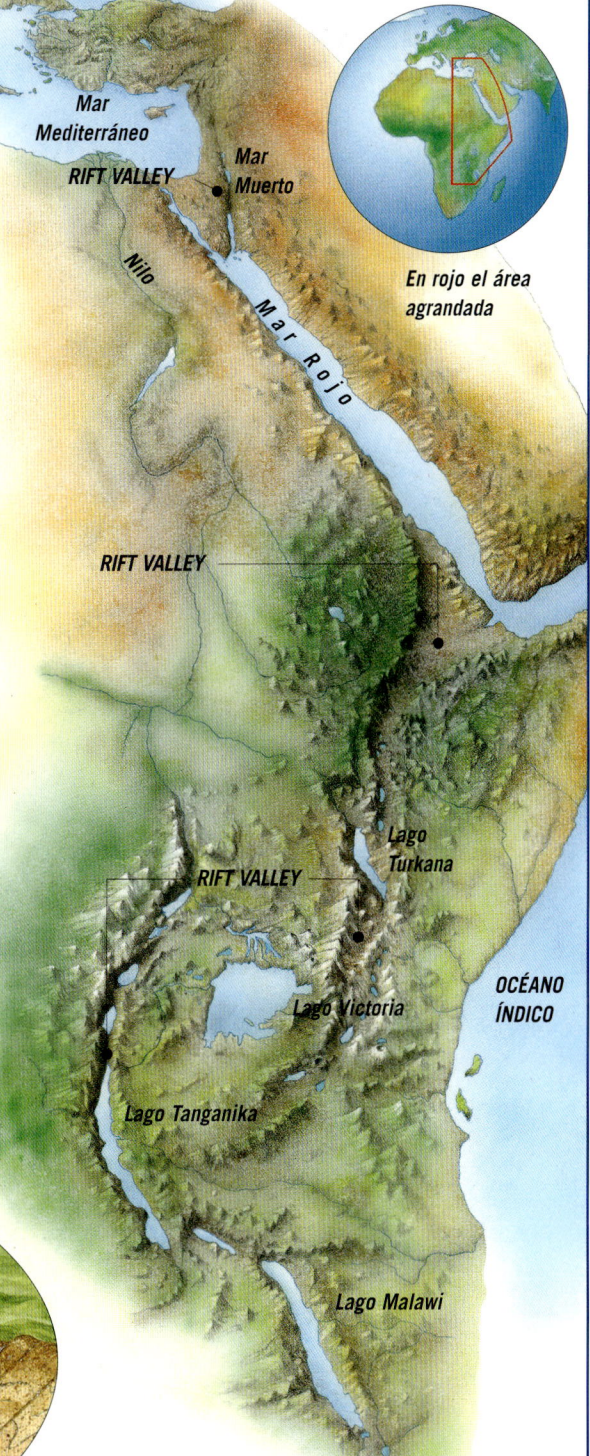

La mayor falla de la Tierra es el Rift Valley, una serie de fracturas que se extienden desde el Mediterráneo oriental en dirección sudeste a través del mar Muerto y el mar Rojo, para dirigirse después al sur a través del extremo occidental de África y el lago Turkana. Finalmente se parten en dos a la altura del lago Victoria, hasta los lagos Tanganika y Malawi. El sistema mide unos 5.000 km de longitud, y se llega a ensanchar hasta 2 cm al año. Dentro de millones de años puede que el mar Rojo se convierta en un océano y que el agua salada inunde todo el valle.

LOS SEÍSMOS

AL AÑO se registran unos 6.000 movimientos sísmicos. Se detectan a través de unos aparatos científicos llamados sismógrafos, que están siempre trabajando. Nueve de cada diez seísmos son de interés científico nada más, ya que su intensidad es muy baja o tienen lugar en regiones remotas. De entre todos ellos, solamente 30 o 40 originan problemas muy localizados, y apenas diez o 20 causan destrozos graves. Cada cinco o diez años un terremoto de gran intensidad devasta un área grande y provoca una gran mortandad.

Tienen lugar cuando dos placas adyacentes de las que forman la corteza terrestre se desplazan en direcciones contrarias, colisionan o hacen cualquier otro tipo de movimiento rápido, especialmente a lo largo de sus bordes y fallas.

La repentina sacudida de un seísmo no dura nada más que unos pocos minutos o incluso unos pocos segundos. Se extiende en todas direcciones desde un punto localizado llamado foco. Los superficiales se dan a una profundidad de 70 km, los intermedios entre 70 y 300 km, y los profundos por debajo de los 300 km. Las ondas sísmicas se transmiten a través del medio rocoso, y llegan a la superficie en primer lugar en el epicentro, justo por encima del foco, donde la intensidad es máxima.

Muchos terremotos ocurren a lo largo de las zonas de subducción, que son los lugares en donde las placas litosféricas de corteza oceánica se destruyen al ser empujadas por debajo del borde de los continentes hacia el manto y refundirse con él. La penetración tiene lugar a gran profundidad en un punto llamado foco.

Zanja

Lecho oceánico

Movimiento de la corteza continental

Fosa

Onda sísmica

OCÉANO PACÍFICO

Movimiento de la corteza oceánica

Localización de los grandes terremotos (con puntos rojos)

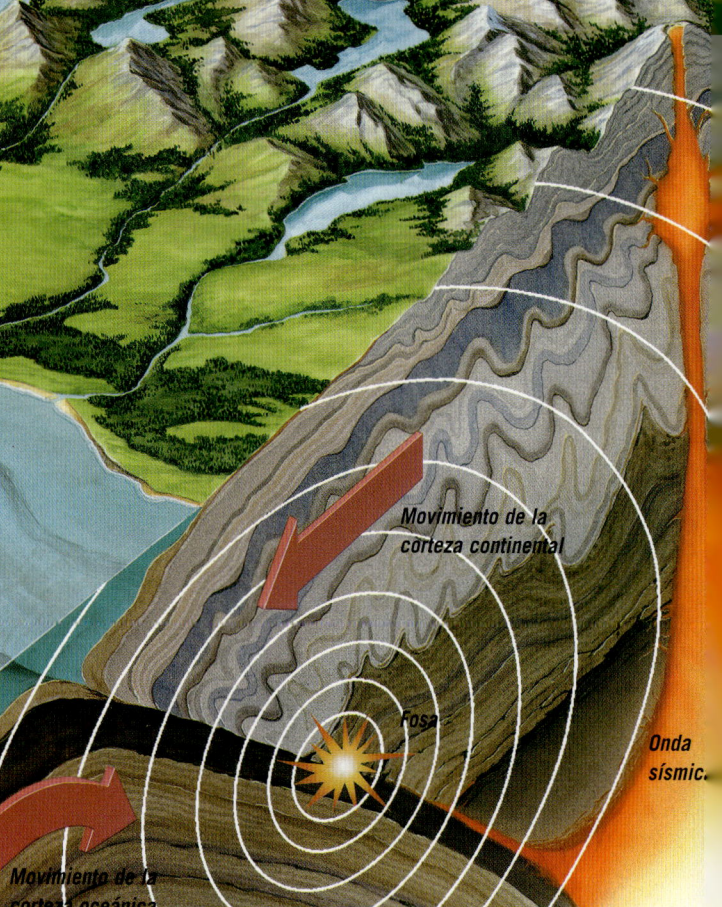

LA TIERRA • 11

Las ciudades ubicadas a lo largo del «cinturón de fuego del Pacífico» sufren seísmos regularmente, como Tokio en 1923.

Las ondas sísmicas llegan a la superficie terrestre en el epicentro, desde donde se expanden igual que lo hacen las ondas sobre el agua de un estanque. La poderosísima vibración de un terremoto de intensidad máxima se traslada alrededor y a través del planeta, haciéndole temblar hasta 20 minutos. La mayoría de los seísmos, responsables también de algunos fenómenos de vulcanismo, tienen lugar a lo largo de los márgenes activos de las gigantescas placas terrestres. El «cinturón de fuego del Pacífico», que coincide con el perímetro de dicho océano, marca la línea de mayor riesgo del planeta. También son zonas de riesgo Asia suroriental (Filipinas e Indonesia) y la línea imaginaria desde el norte de la India hasta Europa meridional. Sin embargo, algunos terremotos acaecen lejos de los bordes de las placas.

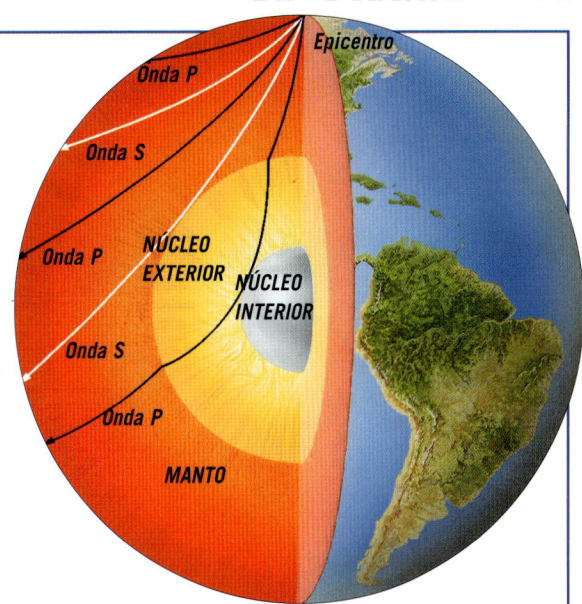

Existen dos tipos de ondas sísmicas: las P (primarias) se expanden a través del planeta, aunque se «doblan» al atravesar las capas interiores; las S (secundarias) son más lentas y no pueden cruzar el núcleo interno.

Hay dos tipos de escalas para medir la intensidad de un seísmo. La escala Mercalli mide el daño que causa, y va desde el grado 1 (no percibido) hasta el 12 (devastación total). La escala Richter mide la intensidad de las ondas sísmicas.

Los seísmos que se localizan bajo el mar originan ondas en el agua que al alcanzar tierra firme levantan olas gigantescas, llamadas tsunamis o maremotos.

Los volcanes

UNO DE LOS SUCESOS más aterradores de la naturaleza es la erupción de un volcán. El vulcanismo acontece en las fisuras, grietas y puntos débiles de la sólida corteza rocosa terrestre. El magma del manto, a una temperatura y presión altísimas, se eleva y emerge a la superficie en forma de lava. Cuando ésta se enfría y endurece, forma las rocas ígneas.

A veces la lava es muy líquida o incluso gaseosa, y fluye fácilmente del volcán desparramándose por un área grande, formando al enfriarse un «escudo volcánico», de contornos poco profundos, compuesto de rocas basálticas. Cada nueva erupción añade al escudo un nuevo estrato de lava, de hasta 10 m de espesor.

En el caso de las erupciones explosivas, la lava es espesa y pegajosa, y se agolpa cerca del cráter. Como las erupciones se suceden una y otra vez, se acaban formando conos altos y abruptos, compuestos de sucesivas capas de cenizas, lava y piedras. Dichos conos se llaman estratovolcanes.

La lava sale de un volcán a una temperatura superior a los 1.000° C, y puede tardar varios meses en solidificarse. Los volcanes emiten tanto gases ricos en azufre como nubes de cenizas que alcanzan la alta atmósfera y que, llevadas por el viento, recorren grandes distancias, desparramándose sobre un área muy ancha. Las cenizas que caen en las proximidades pueden formar un cono. Hay volcanes con tal poder explosivo que arrojan bombas de lava del tamaño de un edificio, las cuales devastan el terreno circundante.

Esta secuencia en cinco pasos muestra la erupción del volcán Santorini, en el mar Mediterráneo, alrededor del año 1450 a.C.

Lava, cenizas y gases

Cráter

Cono adventicio

Chimenea principal

Estratos de lava y cenizas resultado de erupciones anteriores

Corteza

Magma

Un volcán activo emite regularmente lava, pequeños «lapilli», cenizas, gases y otros materiales. En los que son muy activos esto ocurre continuamente, en los demás pueden transcurrir semanas o meses entre una erupción y la siguiente. Cuando un volcán no ha entrado en erupción durante muchos años o siglos, pero podría hacerlo, se dice que está inactivo. Cuando no ha habido erupciones durante decenas de miles de años se dice que está apagado. Algunos volcanes erupcionan espectacularmente, expulsando con violencia gases y lavas candentes. Otros erupcionan por medio de explosiones, y producen nubes de gases y cenizas. En el caso de los escudos volcánicos, la lava es muy líquida y fluye con facilidad, formando un relieve más bajo y redondeado, a diferencia de los estratovolcanes.

LOS CINTURONES DE FUEGO

Las zonas de vulcanismo activo de la tierra, los «cinturones de fuego», suelen seguir los bordes de las placas litosféricas que forman la corteza terrestre, pues existen muchos puntos débiles en los límites entre placas. El vulcanismo tiende a darse en las zonas de subducción, donde una placa se comprime bajo la placa adyacente y se desintegra en el manto viscoso. Al fundirse, las partes más ligeras que la componen se elevan y, o pasan a engrosar la placa por abajo, o se abren camino por las fisuras hasta la superficie por la gran presión.

Los géiseres y las demás fuentes de aguas calientes surgen cuando el agua del suelo llega a estratos geológicos calientes. Estas erupciones se producen a intervalos, en el momento en que el agua hierve de manera violenta.

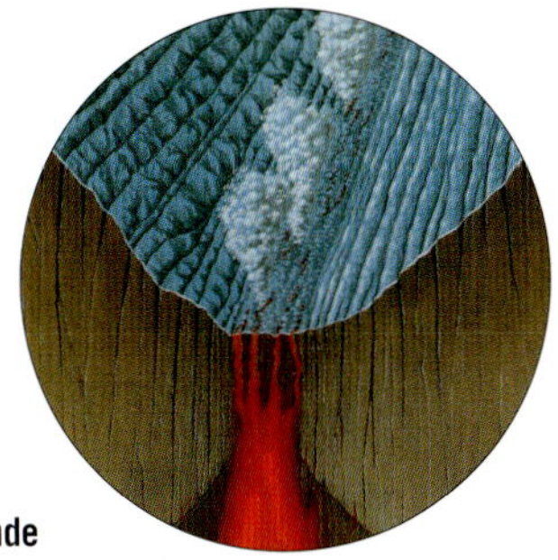

A lo largo de las dorsales centro-oceánicas (*a la derecha*), el magma del manto se eleva y fluye a la superficie de la corteza oceánica continuamente. En las zonas de fractura transversales próximas al valle central donde se encuentra la fisura, gases y agua caliente de alta mineralización borbotean de fuentes termales.

Aunque los conos volcánicos nos parezcan enormes e imponentes, suponen menos del 10% de la actividad volcánica total de la Tierra. La mayoría del magma fluye a la superficie bajo las aguas de los océanos a lo largo de las fisuras de las dorsales centro-oceánicas y también a través de agujeros más pequeños que se llaman puntos calientes. En el caso de que un cono volcánico submarino alcance la altura suficiente emerge del mar en forma de isla. Tal es el caso de los archipiélagos de las Hawai y las Canarias, en el océano Pacífico y Atlántico respectivamente.

GRANDES ERUPCIONES
- 1450 a.C., Santorini, Grecia. La mayor explosión de los tiempos antiguos
- 79 d.C., el Vesubio, Italia. Descrita por Plinio el joven. Plinio el viejo murió en la erupción
- 1815, Tambora, Indonesia. Más de 90.000 víctimas
- 1883, Krakatoa, Java. La explosión se pudo escuchar a más de 5.000 km de distancia
- 1980, Monte Santa Elena, EE.UU. Retransmitido en directo
- 1991, Pinatubo, Islas Filipinas. Afectó al tiempo atmosférico a escala planetaria durante dos años

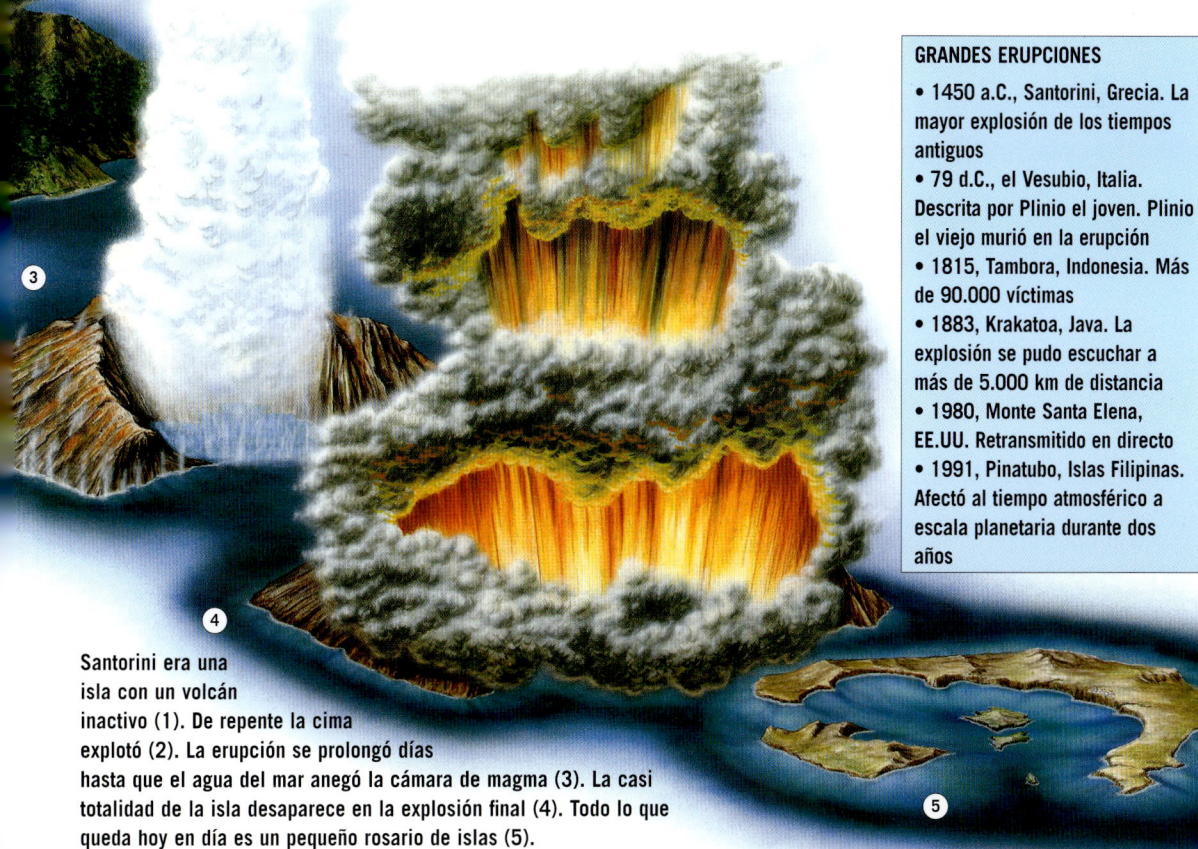

Santorini era una isla con un volcán inactivo (1). De repente la cima explotó (2). La erupción se prolongó días hasta que el agua del mar anegó la cámara de magma (3). La casi totalidad de la isla desaparece en la explosión final (4). Todo lo que queda hoy en día es un pequeño rosario de islas (5).

La erosión

A LO LARGO de los millones de años del tiempo geológico, se han formado cadenas montañosas gracias al desplazamiento de las placas, a las fallas y a otros movimientos de la corteza terrestre. ¿Cómo es posible que estas cadenas hayan desaparecido después? La mayoría de ellas han sido lentamente niveladas por medio de la meteorización y la erosión.

Los cambios de temperatura y la acción de la lluvia y el hielo desintegran la roca y el suelo según un proceso que se llama **meteorización.** Los cambios extremos de temperatura acaban descomponiendo las rocas por el proceso continuo de dilatación y contracción, desprendiéndose pequeños fragmentos. El agua de lluvia se infiltra en las grietas y poros de la roca, y al helarse aumenta de volumen, partiéndola.

La erosión consiste en el transporte de pequeños fragmentos de roca gracias a la acción de las aguas, los glaciares y el viento. Los ríos, especialmente en las avenidas y los de aguas bravas, arrastran trozos de roca. Las olas del mar tienen también gran fuerza erosiva, ya que al romper arrojan con fuerza cantos y piedras contra el acantilado.

La meteorización tiene lugar con mayor intensidad en las zonas altas *(arriba).* **Más tarde el hielo, el viento y el agua transportan los fragmentos de roca y los depositan en regiones bajas –llanuras y fondos de ríos y lagos– en forma de sedimentos.**

La erosión se manifiesta de forma más espectacular en el Gran Cañón del río Colorado en Arizona, EE.UU. *(abajo).* **Los estratos de roca blanda se han descompuesto más fácilmente que los de roca dura, que en la actualidad se elevan en grandes farallones y mesetas de paredes verticales (montes isla).**

EL GRAN CAÑÓN

El Gran Cañón, con una longitud de 350 km, es un enorme desfiladero que serpentea a través del desierto de Arizona. Se ha ido formando a lo largo de los últimos 6 millones de años, cuando un movimiento de la corteza terrestre levantó el terreno más de 1.200 m. Las rápidas aguas del río Colorado han ido horadando la superficie en su camino hacia el mar, cincelando un cañón escalonado de 16 km de anchura y, a tramos, 1.600 m de profundidad. El clima desértico de la región ha permitido que los estratos más altos y duros no hayan sido degradados.

Al producirse el deshielo en las Montañas Rocosas en primavera, el río aumenta el caudal y la velocidad de sus aguas, arrastrando consigo cantos rodados que van royendo el lecho y las orillas, sacando a la luz los estratos más antiguos junto con los fósiles que contienen, como si de un libro abierto de los tiempos remotos de nuestro planeta se tratase. Los estratos más bajos –que alguna vez fueron altas montañas a miles de metros sobre el nivel del mar– cuentan con una antigüedad de 1.700 millones de años.

El río Colorado fluía a través de un desierto (1). Al levantarse el terreno (2) fue excavando un valle cada vez más hondo (3).

LOS RÍOS

LOS RÍOS son cauces naturales que llevan agua, hielo fundido y nieve ladera abajo, desde las montañas o mesetas hasta las llanuras, lagos y mares. Son muy ricos en vida salvaje, tanto en sus aguas como a sus orillas. Los dos ríos más largos del mundo son el Nilo en África y el Amazonas en Sudamérica; ambos miden alrededor de 6.600 km. El Amazonas es tan grande y caudaloso que lleva más agua que el Nilo y los cinco ríos más largos del mundo juntos. Su cuenca de recepción es de más de 7 millones de km², un área mayor que la de Europa occidental.

Cuando un río se despeña desde un cortado o su lecho pasa de roca madre dura a blanda, se forma una cascada. El río desgasta con mayor rapidez la roca blanda, formándose así un acantilado sobre él. El Salto del Ángel, en las cascadas del Santo en Venezuela, es la más alta del mundo, con un desnivel general de 979 m y del salto en particular de 807 m. El agua se pulveriza por completo antes de alcanzar el fondo.

El río *(a la derecha)* **nace en las montañas al pie de un glaciar. Tras recibir un afluente, se despeña en una cascada, discurre a través de una garganta y se parte en decenas de brazos en una zona de derrubios. Cuando por fin alcanza la llanura, da grandes revueltas llamadas meandros flanqueados por depósitos de aluvión. En la desembocadura forma una gran red de pequeños canales que discurren hacia el mar a través de un delta.**

Los ríos han sido cruciales en la historia del ser humano. Las primeras poblaciones se desarrollaron a las orillas de ellos puesto que proporcionaban comida (pescado), agua para beber y cocinar, una vía de transporte, regadíos y agua para el ganado.

Los ríos configuran la morfología del paisaje puesto que excavan y ensanchan los valles en los momentos de avenida conforme a la dureza de las rocas. Cuanto más bravas sean sus aguas, la erosión será mayor, así como la cantidad de rocas y sedimentos que acarreen.

Las colinas Guilin, en el sur de China, son los restos de un viejo macizo calcáreo erosionado por la acción del agua.

Un río cualquiera nace de un arroyo, un glaciar o una serie de barrancos que recogen el agua de lluvia. Las aguas de alta montaña son generalmente bravas debido a la pendiente. El agua en su curso arrastra el suelo, haciendo que el lecho sea pedregoso y que las orillas no tengan vegetación apenas. En el curso medio, poco a poco, las pendientes se van suavizando y el agua discurre más lentamente, aumentando el caudal gracias a los aportes de los afluentes. Como resultado, el río deposita los materiales groseros que transporta en el lecho y a sus orillas, pudiendo llegar a dividirse en varios brazos. En la llanura, y según la pendiente va alcanzando la horizontal, el río forma grandes revueltas llamadas meandros, siempre en dirección al mar. La desembocadura se conoce también por estuario. En éste, los limos y sedimentos que transporta se depositan en bancos arenosos, formándose un delta de muchos canales.

Brazos
Meandros
Depósitos de aluvión
Delta
Mar

LAS CUEVAS

LAS CUEVAS son grandes agujeros subterráneos en la roca. Unas surgen cuando la corteza terrestre se fisura, por ejemplo tras un terremoto; otras son debidas a las olas del mar, que arrojan guijarros continuamente contra la roca de los acantilados a los que acaban socavando. Pero la mayoría son grutas calcáreas resultado de la meteorización química. Las aguas de lluvia son ligerísimamente ácidas, y al filtrarse por las grietas de la roca caliza la van disolviendo. A lo largo de miles de años las grietas se acaban convirtiendo en cuevas.

Dentro de la cueva, una estalactita desde el techo ha llegado a unirse con una estalagmita desde el suelo, formando ambas una columna o pilar de roca. Las columnas pueden alcanzar una altura de 30 m.

El paisaje cárstico se caracteriza por la presencia de dolinas y poljes en la superficie, que son agujeros y embudos por los que, desde tiempos remotos, las corrientes de superficie se han filtrado dentro de la roca madre y en cuyo interior han excavado un complejo sistema de cámaras y lagos subterráneos unidos entre sí mediante simas y túneles. Al gotear el agua en las cámaras, el carbonato cálcico precipita y forma estalactitas, que son los carámbanos de roca que cuelgan del techo. Las estalagmitas se forman desde el suelo de la misma manera.

Los glaciares

UN GLACIAR es una gran masa de hielo en movimiento. Los hay de dos tipos: los que se forman en los valles de montaña y los que –como en Groenlandia y la Antártida– son enormes placas de hielo que cubren casi por completo el suelo. Aunque sólido, el hielo tiene la plasticidad suficiente para deslizarse lentamente pendiente abajo a una velocidad de menos de 1 m al día. Los glaciares sólo existen en regiones muy frías, en lo alto de las montañas y en los polos. Alrededor de 15 millones de km² de la superficie terrestre están cubiertos de hielo, una décima parte del total de nuestro planeta. El glaciar Lambert, en la Antártida, es el más grande del mundo, con más de 500 km de longitud.

La nieve de los glaciares se acumula invierno tras invierno en la cabecera de los altos valles, en un lugar con forma de gran tazón llamado circo, y se convierte en hielo por compactación. Esta masa espesa se desplaza hacia abajo debido a la presión de su propio peso, arrastrando a lo largo de su curso a ambos lados y por el fondo del valle los materiales desgajados de la roca madre por meteorización mecánica, los cuales lo van erosionando poco a poco. Estos materiales se llaman respectivamente morrenas laterales y de fondo. Si dos glaciares confluyen, las morrenas laterales se unen y forman una morrena central. Cuando el hielo se desploma por una gran pendiente, forma grietas conocidas como crevasses. Finalmente, en el frente del glaciar el hielo se funde, se depositan los materiales groseros de las morrenas terminales y nace un río.

CLAVE
1 *Circos*
2 *Glaciar*
3 *Morrena lateral*
4 *Crevasses*
5 *Morrena medial*
6 *Frente*
7 *Morrena terminal*
8 *Aguas de origen glaciar*

LOS DESIERTOS

UN DESIERTO es un área con bajísimas precipitaciones, generalmente menos de 25 cm de lluvia (o nieve) al año. Pueden ser cálidos todo el año, como es el caso del Sahara en África, o fríos, como en Groenlandia o la Antártida. El desierto del Gobi en Asia central es cálido en verano y frío en invierno. Los cálidos pueden ser muy fríos por la noche. El desierto de Takla Makan en China pasa de 40° C durante el día a -40° C por la noche.

El desierto de Mojave y el de la Patagonia, en el norte y sur de América, se han formado cobijados por montañas que, al recoger toda la lluvia y la nieve, actúan como gigantescos deshumidificadores. Las regiones en el lado de sotavento quedan así en «sombra pluviométrica». El Gobi se formó en medio de enormes masas de tierra que se hallaban lejos del mar, principal fuente de humedad. La mayoría de los desiertos, incluidos los de Atacama, Sahara, Kalahari y Namib, se sitúan en una misma banda al norte y al sur del ecuador, y son consecuencia de la circulación del aire, que distribuye las precipitaciones de manera desigual.

Las dunas barjánicas se forman cuando el viento empuja la arena por el lado de barlovento. Los remolinos que se crean por detrás de la cresta hacen que se deposite la arena y que avance la duna.

Los desiertos y las zonas áridas cubren una octava parte de la superficie terrestre. El más seco es el de Atacama en Chile, Sudamérica, con precipitaciones que no alcanzan 1 mm al año. Hay sitios en su interior en los que no ha llovido desde hace siglos. El más grande es el Sahara en África, con 9 millones de km² y una anchura de 5.000 km. Australia es el continente que cuenta con más desiertos: aproximadamente la mitad de su territorio.

Los Olgas, en Australia, son un ejemplo de meteorización laminar. La alternancia de calor y frío durante el día y la noche descompone los estratos de la roca. La roca dura ha resistido mejor la erosión, dando como resultado las mesetas rocosas y mesas de Monument Valley en Utah (ver abajo).

Se cree que los desiertos son vastísimas extensiones de arena y no es verdad; tan sólo el 20% de los desiertos son arenosos. El resto están formados de roca madre o recubiertos de piedras de diferente tamaño, desde peñascos a gravas gruesas. El viento y las tormentas esculpen el paisaje desértico. Las tormentas arrojan arena y gravas contra las rocas excavando arcos *(ver arriba)*, mesetas rocosas y otras extrañas formas.

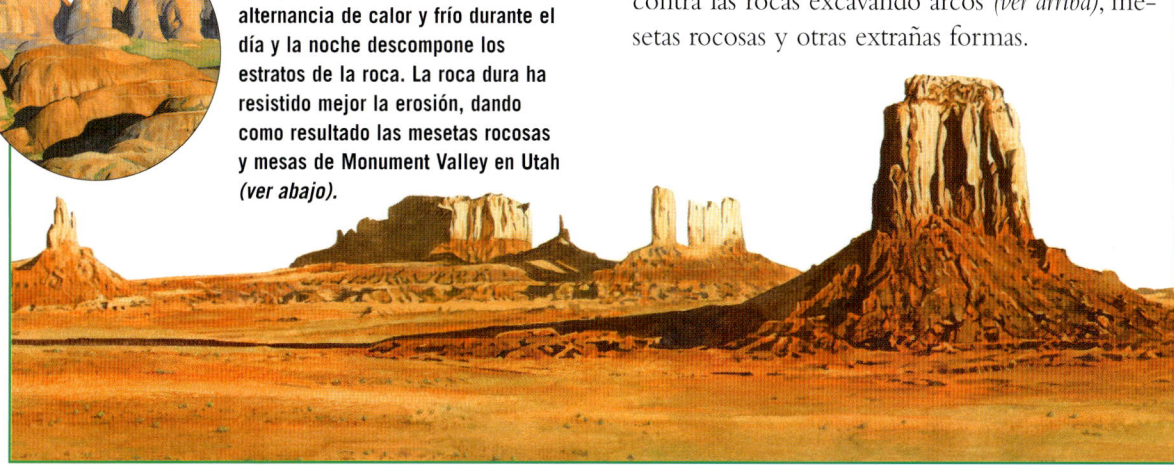

LAS COSTAS

LAS COSTAS son el resultado de la continua batalla entre la tierra y el mar. A veces gana la tierra, y se forman playas y bancos de guijarros. Sin embargo, en otros lugares el mar gana y las olas, corrientes y mareas minan y abrasan la costa. Incluso las rocas duras como el granito, se desgastan, especialmente durante las tormentas, debido a que los vientos levantan grandes olas que arrojan guijarros y cantos contra la costa.

La morfología costera depende de la roca madre, de los vientos y de las corrientes. Las rocas duras se desgastan lentamente y permanecen en forma de altos promontorios. Las olas rompen con mayor fuerza siempre en la dirección de los vientos predominantes de la región, socavando la roca hasta que parte de ella se desprende y se hace añicos. Como resultado se forman playas, que protegen los acantilados a su espalda del poder abrasivo del mar. A su vez, las corrientes fuertes arrastran los materiales gruesos, y cuando pierden velocidad, los depositan lejos de su lugar de procedencia en forma de bancos de arena o guijarros.

A lo largo de esta costa *(ver arriba)* un promontorio de roca se ha convertido en una isla, quedando separado de la misma por un brazo de mar. Más abajo del estuario, una península se comunica con tierra por medio de una estrecha franja. Un tercer promontorio ha sido desgastado hasta convertirse en un farallón aislado, un arco y un acantilado de paredes verticales. Las corrientes arrastran los guijarros de la playa de la bahía, y al perder velocidad los depositan en forma de bancos. Más abajo todavía, el limo y los sedimentos que el río acarrea se depositan y forman una marisma y un delta.

EL RELIEVE • 21

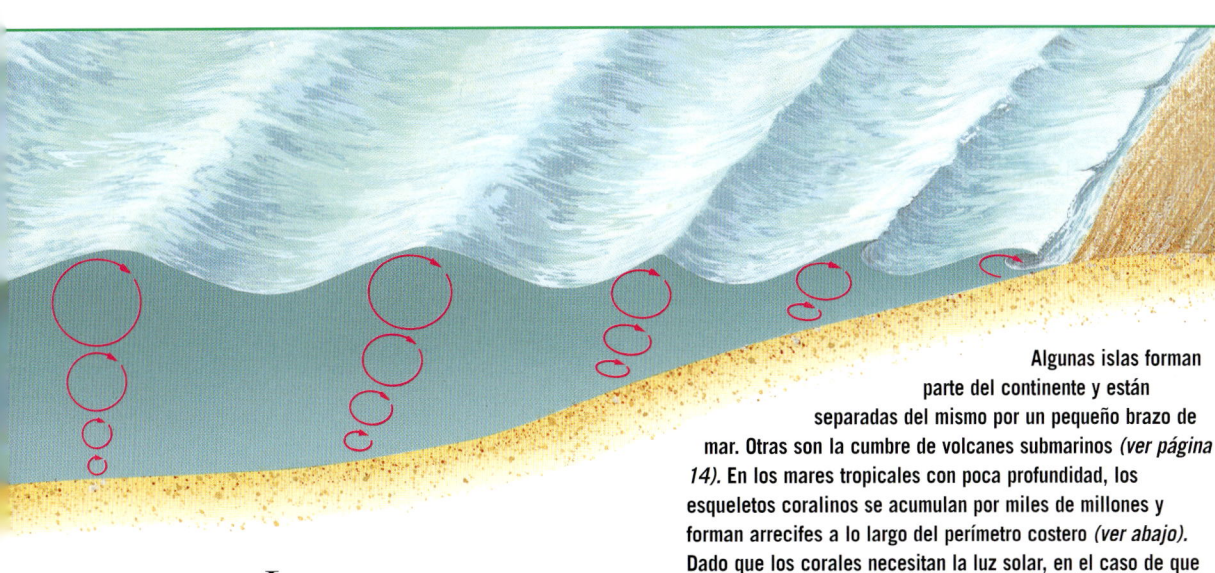

LAS OLAS

El aire que sopla sobre la superficie del mar obliga al agua a dar vueltas en círculo formándose así las olas. La ola propiamente dicha sí que avanza, y sin embargo el agua de la ola no, ya que gira en círculo. La altura y la fuerza de una ola dependen de la fuerza del viento y de la cantidad de agua que este haya conseguido desplazar. En mitad del océano se pueden llegar a formar grandes olas, conocidas como mar montañosa.

Cuando una ola llega a aguas superficiales *(ver la ilustración de arriba)*, el movimiento de la parte inferior del ciclo se detiene al chocar contra el fondo. El agua que avanza se acumula sobre el agua de debajo, la ola se eleva y finalmente la fricción es tan intensa en la parte inferior que, en sentido figurado, la ola tropieza en sus propios pies y rompe sobre la playa.

Las olas, particularmente durante una tormenta, son grandes fuerzas erosivas, ya que socavan la base de los acantilados hasta derrumbarlos en parte. Un promontorio atacado por ambos lados se estrecha cada vez más. Las grietas se van ensanchando hasta convertirse en cuevas. Si estas se juntan a ambos lados, se crea un túnel y se abre un arco, que a su vez, al derrumbarse, forma un farallón. Con el tiempo el farallón acaba hundiéndose.

Algunas islas forman parte del continente y están separadas del mismo por un pequeño brazo de mar. Otras son la cumbre de volcanes submarinos *(ver página 14)*. En los mares tropicales con poca profundidad, los esqueletos coralinos se acumulan por miles de millones y forman arrecifes a lo largo del perímetro costero *(ver abajo)*. Dado que los corales necesitan la luz solar, en el caso de que el volcán se vuelva a hundir, el arrecife se hace más alto y acaba englobando una laguna salada interior que ocupa el lugar de la isla desaparecida. Cuando la cima del volcán se hunde por completo y queda solamente el anillo coralino, se forma un atolón.

Un arrecife de coral se forma alrededor de una isla volcánica.

La isla se hunde, y el arrecife de coral crece hacia arriba.

La isla desaparece bajo el atolón de coral.

Los glaciares excavan valles en U en las regiones montañosas. En algunas partes del planeta, especialmente en Noruega y Nueva Zelanda, estos valles han quedado anegados por las aguas del mar. Estos profundos entrantes, llamados fiordos, tienen laderas de pendientes muy acusadas. Algunos fiordos serpentean una gran distancia tierra adentro.

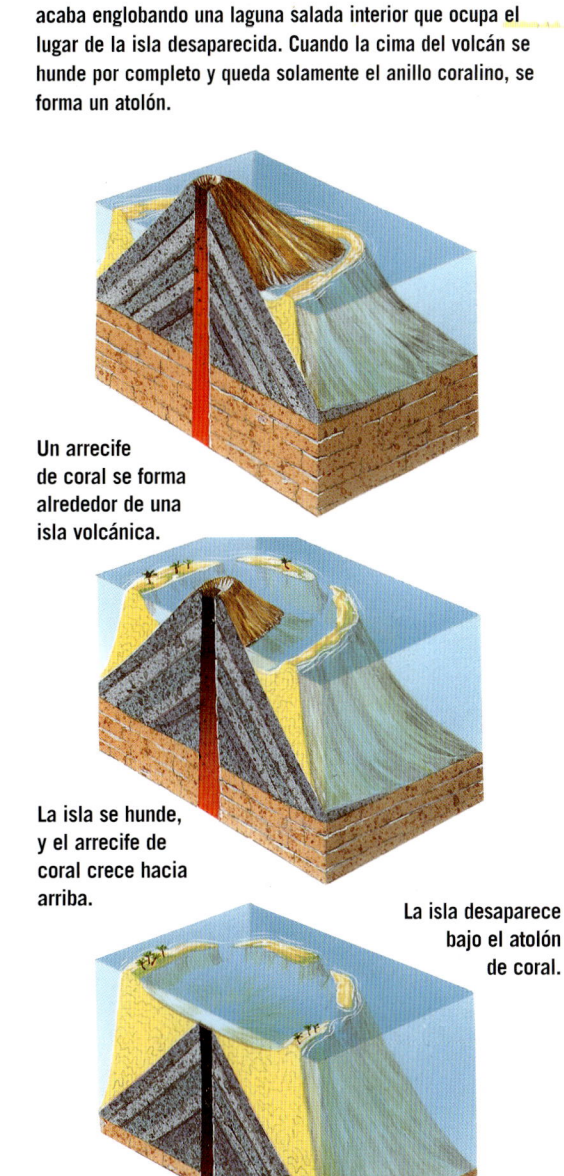

LA ATMÓSFERA

EL AIRE que respiramos forma parte de una espesa capa llamada atmósfera que envuelve la Tierra. El aire está compuesto por una mezcla de gases, en su mayoría nitrógeno (una cuarta parte) y oxígeno (una quinta parte). La atmósfera pierde densidad con la altura y se disuelve completamente a 800 km sobre la superficie, que es el umbral del espacio exterior.

La atmósfera tiene capas que aumentan y disminuyen de temperatura según el aire va perdiendo densidad. La troposfera se eleva hasta una altura de 9 km sobre los polos y de 16 km sobre el ecuador. Aunque contiene cuatro quintas partes del total de aire, supone tan solo la séptima parte del volumen total de la atmósfera. La temperatura va descendiendo según se gana altura hasta alcanzar los -55º C en el límite inferior de la estratosfera, en la que asciende hasta los 10º C a una cota de 50 km sobre el nivel del suelo, que es el límite inferior de la mesosfera. Entonces vuelve a caer hasta los -75º C a 80 km de la superficie, para volver a subir en la termosfera.

La atmósfera no sólo nos proporciona el oxígeno que respiramos, sino que nos protege de las radiaciones nocivas del sol, parte de las cuales se reflejan en la estratosfera o en las nubes *(ver arriba)*. Otras, en cambio, son absorbidas y se distribuyen por toda la atmósfera. El gas ozono, que envuelve la Tierra en una delgada capa en la estratosfera, absorbe la mayoría de la radiación ultravioleta nociva proveniente del sol.

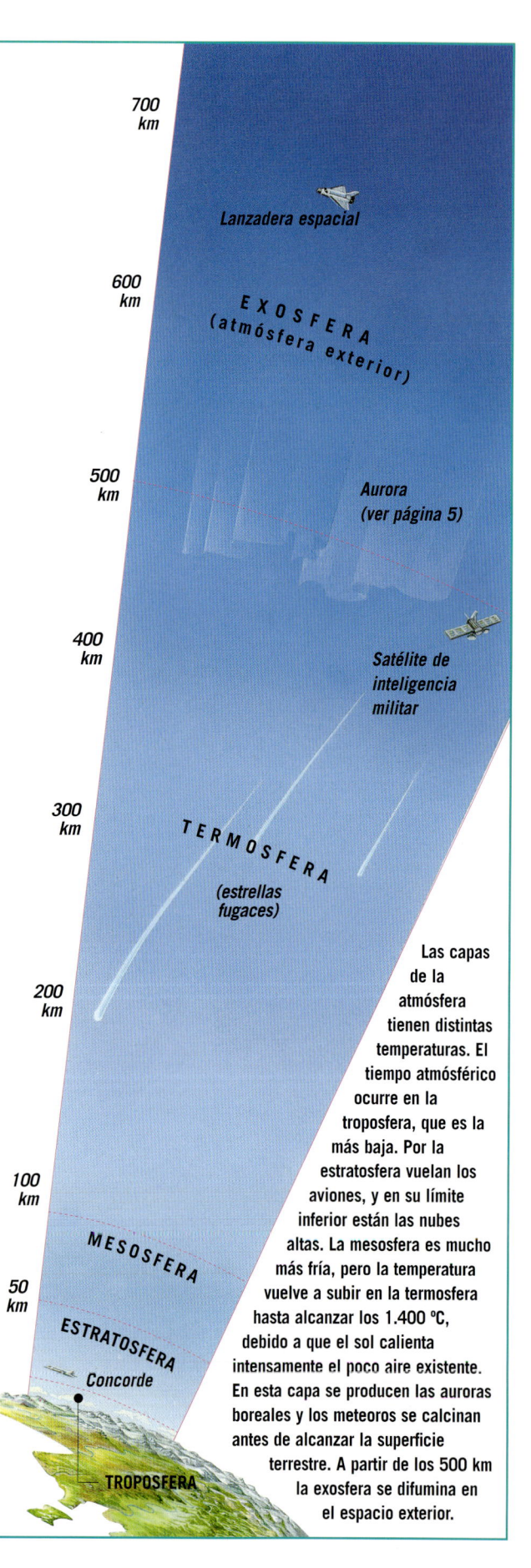

700 km

Lanzadera espacial

600 km

EXOSFERA
(atmósfera exterior)

500 km

Aurora
(ver página 5)

400 km

Satélite de inteligencia militar

300 km

TERMOSFERA
(estrellas fugaces)

200 km

100 km

MESOSFERA

50 km

ESTRATOSFERA
Concorde

TROPOSFERA

Atmósfera
Reflejados por las nubes
Reflejados por la tierra
Absorbidos por las nubes
RAYOS SOLARES

Las capas de la atmósfera tienen distintas temperaturas. El tiempo atmosférico ocurre en la troposfera, que es la más baja. Por la estratosfera vuelan los aviones, y en su límite inferior están las nubes altas. La mesosfera es mucho más fría, pero la temperatura vuelve a subir en la termosfera hasta alcanzar los 1.400 ºC, debido a que el sol calienta intensamente el poco aire existente. En esta capa se producen las auroras boreales y los meteoros se calcinan antes de alcanzar la superficie terrestre. A partir de los 500 km la exosfera se difumina en el espacio exterior.

Las estaciones y el clima

EN LAS REGIONES tropicales de la Tierra hace siempre calor. Más al norte, la temperatura varía a lo largo del año. El tiempo se templa en primavera, hace calor en verano, refresca en otoño y hace frío en invierno. Estos períodos de tiempo se llaman estaciones, y se deben, en parte, al modo en que la Tierra da vueltas u orbita alrededor del sol. La órbita de la Tierra no es un círculo perfecto, sino que tiene forma de elipse. Además la Tierra da vueltas sobre sí misma en torno a una línea imaginaria o eje que va de polo a polo y que no es perpendicular al plano de rotación de la Tierra, llamado elíptica, sino que está inclinado 23,5° C. La combinación de todos estos factores es la responsable del ciclo anual de las estaciones en las regiones al norte y al sur del ecuador terrestre.

En mitad del año (1) la parte superior de la Tierra se inclina hacia el sol. El sol está más cerca, más alto y luce más horas, es verano; en el hemisferio sur, el día es más corto y es invierno. Según la Tierra va describiendo su órbita, la inclinación es la misma para ambas mitades (2), y es otoño en el hemisferio norte y primavera en el sur. Al final del año, la mitad inferior está inclinada hacia el sol, y es verano en el hemisferio sur e invierno en el norte (3). La inclinación se iguala, es otoño en el hemisferio sur y primavera en el norte (4).

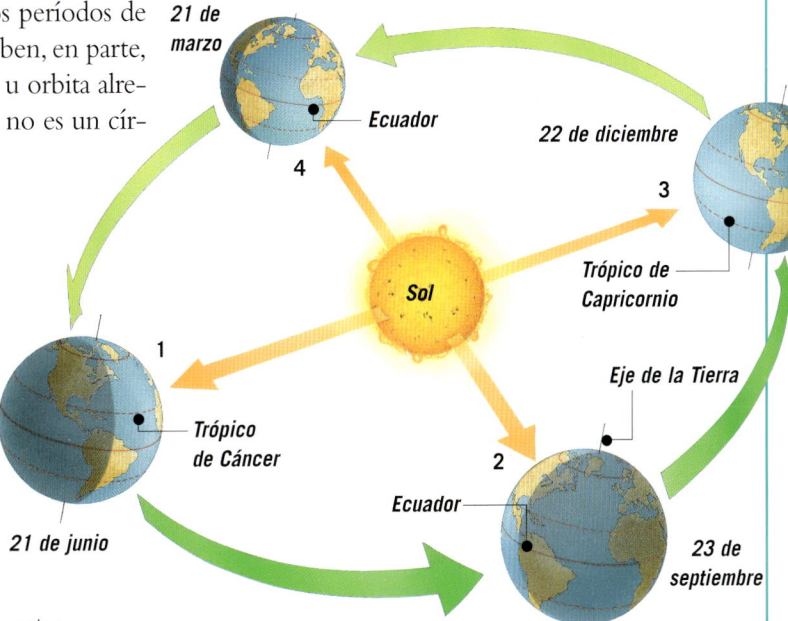

Los vientos son el resultado del calentamiento desigual de las diferentes regiones del planeta. En los trópicos, el calor de la tierra se transfiere al aire, el cual se eleva. El aire más frío, procedente del norte y sur, tiende a ocupar su lugar. Estos vientos se llaman alisios. La dirección en que soplan también se ve afectada por la rotación de la Tierra.

El mapa de abajo muestra las principales regiones climáticas de la Tierra. El sol está más cerca y alto sobre el horizonte en las regiones tropicales a ambos lados del ecuador. Como los rayos inciden más verticalmente, la atmósfera disipa y absorbe menos cantidad de calor. Por esta razón los trópicos son calurosos todo el año. Si los vientos que soplan en estas zonas son secos, el clima es desértico. En ambos extremos del globo se localizan las regiones polares, en las que el sol está más lejos y bajo sobre el horizonte. Por eso estos lugares son más fríos. Entre los trópicos y los polos se encuentran las regiones templadas, veranos tibios e inviernos frescos.

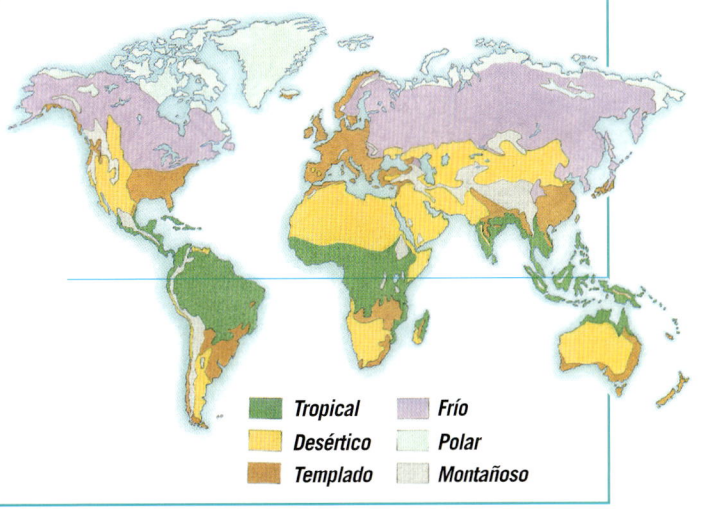

El tiempo meteorológico cambia diariamente. Sin embargo, si consideramos un intervalo largo, especialmente si se trata de muchos años, podemos apreciar cómo cada región cuenta con un patrón de precipitaciones, vientos, temperaturas y demás factores meteorológicos. Este patrón es el clima, que se ve influido por la órbita de la Tierra alrededor del sol (ver arriba) y el modo en que las corrientes oceánicas y los vientos distribuyen tanto el calor del sol como las nubes por todo el planeta.

- Tropical
- Desértico
- Templado
- Frío
- Polar
- Montañoso

El tiempo atmosférico

LLAMAMOS TIEMPO atmosférico a las condiciones y cambios que tienen lugar en la baja atmósfera. Incluye las temperaturas diurnas y nocturnas, la velocidad del viento, el tipo de nubes, la lluvia, el granizo, la nieve, la escarcha, el hielo, las sequías y las tormentas. El tiempo atmosférico puede cambiar en un instante. El estudio del tiempo atmosférico se llama meteorología.

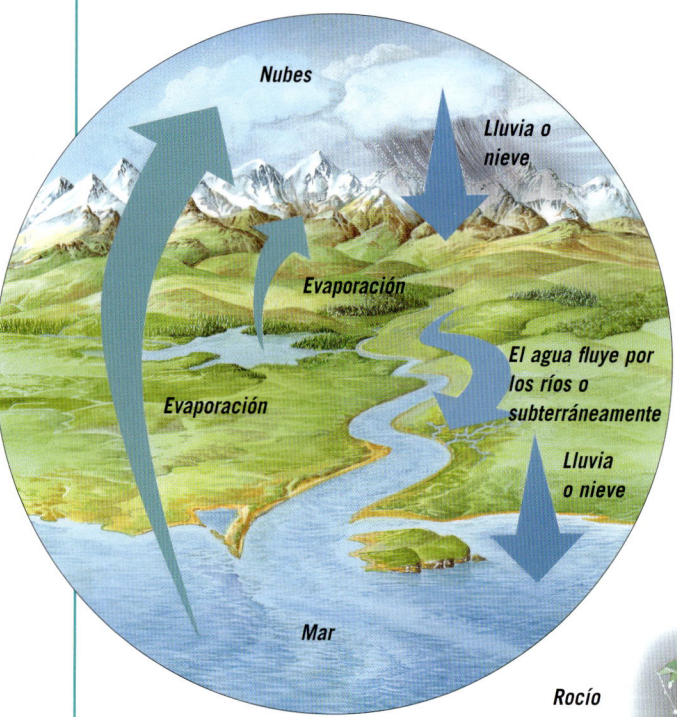

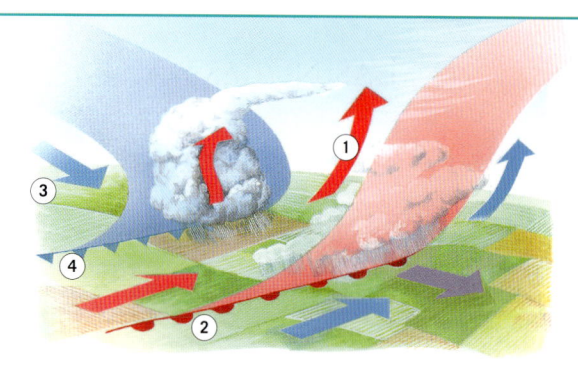

Los frentes

El sol es el motor del tiempo atmosférico. Tanto de día como de noche, tanto en verano como en invierno, activa la evaporación responsable de la formación de las nubes y calienta desigualmente la superficie terrestre y las regiones del aire. Al elevarse el aire caliente, el frío sopla para ocupar su lugar, originándose así los vientos. Cuando el aire caliente (ver arriba, 1) fluye sobre una masa de aire frío desplazándola, la humedad que contiene se condensa, se forma nubosidad y llueve. Esto es un frente cálido, y se representa en los mapas meteorológicos por medio de una línea con semicírculos (2). Cuando el aire frío (3) se introduce como una cuña por debajo de una masa de aire cálido, se forma un frente frío que trae en primer lugar lluvias tormentosas y después tiempo fresco y precipitaciones dispersas.

El ciclo del agua

El ciclo del agua constituye una parte vital del tiempo atmosférico y del clima (ver arriba). El agua en nuestro planeta ni se crea ni se destruye, sino que forma un ciclo sin fin. La radiación del calor del sol calienta el agua de los ríos, lagos y mares, que se evapora convirtiéndose en un gas invisible llamado vapor de agua. El vapor de agua caliente se eleva en la atmósfera a una altura en la que se condensa por el frío en gotitas diminutas o cristales de hielo que se agregan y flotan en forma de nubes hasta que vuelven a caer a la superficie como lluvia o nieve. El agua, producto de la lluvia y la nieve, al deshelarse fluye a su vez en ríos, lagos y mares otra vez, completándose de este modo el ciclo.

El rocío y la escarcha

Aunque no podamos verlo, el vapor de agua está en el aire que nos rodea. Hay veces en que se convierte en agua o hielo, que por supuesto sí podemos ver. Cuando se pone el sol, la tierra se enfría más rápidamente que el aire. El vapor de agua del aire al contacto con la tierra fría se condensa y cubre todo con gotitas de agua que conocemos como rocío. Si la temperatua de la superficie baja por debajo de 0° C, el vapor de agua se convierte en brillantes cristales de hielo que llamamos escarcha.

Las nubes

Una nube es una enorme agrupación de miles de millones de diminutas gotitas de agua, cristales de hielo o una mezcla de ambos, que flotan en el aire debido a su ligereza. Las nubes se forman a diferentes alturas sobre la superficie y tienen distintas formas *(ver a la derecha)*; por ejemplo, los cirros son como plumas muy tenues y ligeras; los estratos son planos como una manta; los cúmulos son abultamientos suaves y sedosos. Las nubes que se forman sobre la superficie se llaman nieblas o neblinas si tienen menos densidad.

Es posible predecir el tiempo atmosférico a través de la observación de las nubes. Las más altas, a una altura de 10 km o incluso más, son los cirros, que están compuestos de cristales diminutos de hielo y anuncian tiempo estable, seco y soleado. Los cirrocúmulos son nubes pequeñas de formas regulares, parecidas a las escamas de los peces, que dan los «cielos aborregados». Los altoestratos y altocúmulos se forman a alturas medias y anuncian lluvias. Los cúmulos son las «nubes de algodón» de los días de verano. Los estratos son las nubes bajas que cubren la totalidad del cielo como una sábana gris. Los nimboestratos son nubes más bajas todavía y traen lluvias intensas o nieve.

La nube más grande y espectacular es el cumulonimbo. Mide 5.000 m o más y tiene la cima esponjosa y la base plana en forma de yunque. Generalmente trae tormentas violentas y eléctricas.

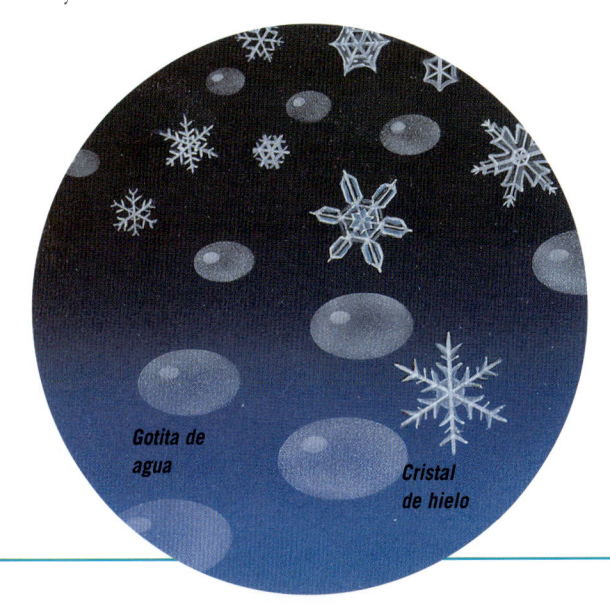

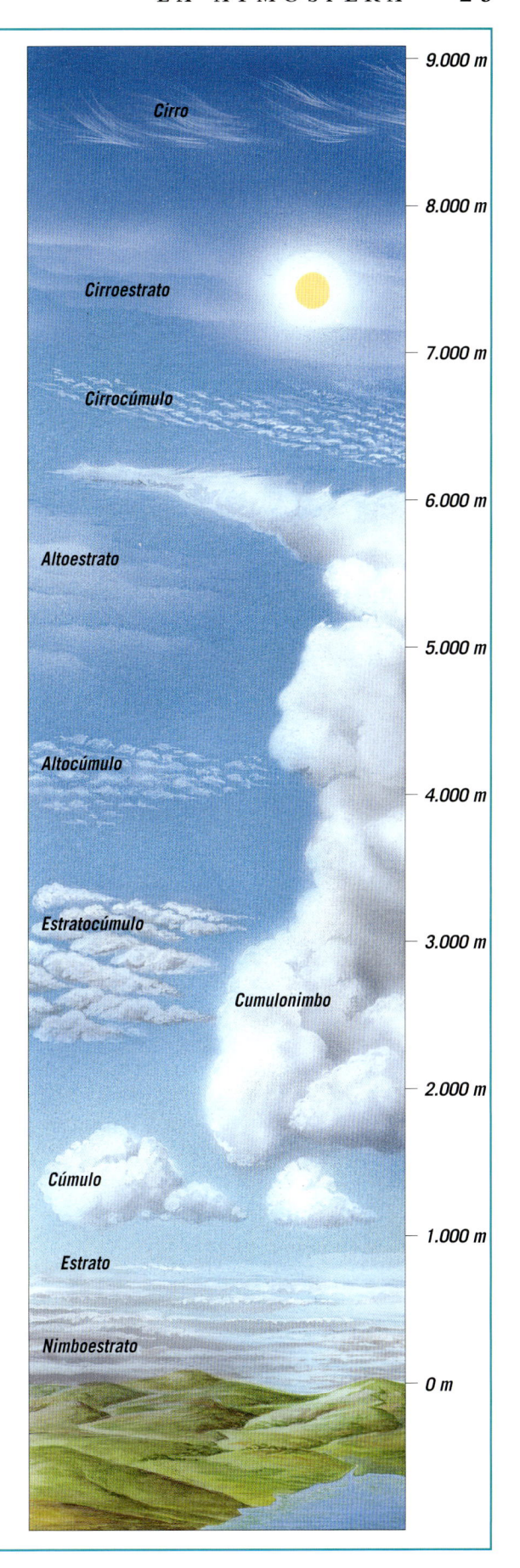

La historia de la Tierra

La Tierra tiene 4.600 millones de años. Esta enorme magnitud de tiempo es difícil de imaginar, de tal manera que los sucesos a lo largo de la historia de la Tierra son medidos en tiempo geológico, espacios de millones de años. Un suceso «reciente» en tiempo geológico, pudo ocurrir durante el último millón de años.

Se divide el tiempo en tres eones: el arcaico («antiguo»), desde el origen de la Tierra hasta hace unos 2.500 millones de años; el proterozoico («primera vida») hasta hace 530 millones de años, y el fanerozoico («vida visible») hasta el presente. El arcaico y el proterozoico van juntos en el precámbrico. El fanerozoico se subdivide en eras: el paleozoico (desde 530 hasta hace 250 millones de años), el mesozoico (desde 250 hasta hace 65 millones de años) y el cenozoico (desde 65 millones de años hasta el presente). Las eras están divididas en períodos, los cuales se muestran aquí *(derecha)*. Los períodos terciario y cuaternario se dividen en épocas.

Hace millones de años	Período	
	CUATERNARIO	Primeros humanos modernos
1,8	TERCIARIO	
65	CRETÁCEO	Extinción de los dinosaurios
		Primeras plantas florecientes
144	JURÁSICO	Primeros pájaros
208	TRIÁSICO	Primeros mamíferos
		Primeros dinosaurios
250	PÉRMICO	Primeros arqueosaurios
286	CARBONÍFERO	Primeros reptiles parecidos a los mamíferos
		Primeros reptiles
360	DEVÓNICO	Primeros anfibios
		Primeros peces con aletas en forma de lóbulo
		Primeros insectos
408	SILÚRICO	Primeros peces con mandíbula
438	ORDOVÍCICO	Primeras plantas terrestres
		Primeros peces sin mandíbula
505	CÁMBRICO	
550	PRECÁMBRICO	Primeros peces con conchas
3.500		Fósiles más antiguos
4.600		Formación de la Tierra

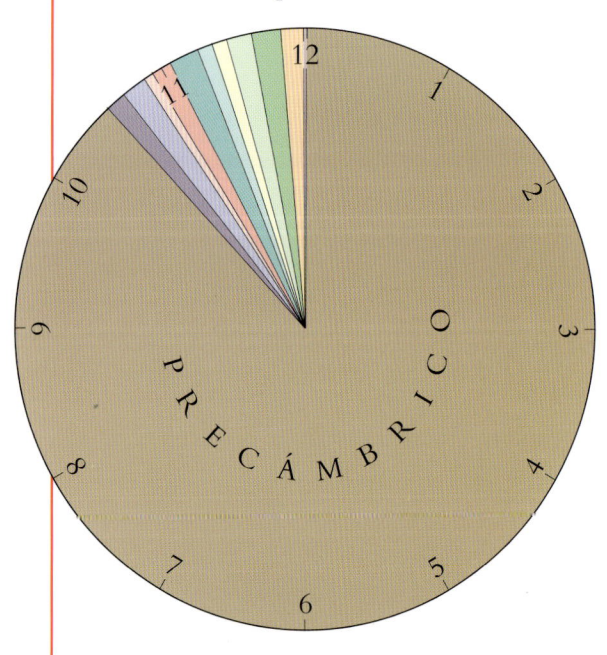

Una manera de comprender el tiempo geológico es imaginar los 4.600 millones de años de la historia de la Tierra como si fueran sólo 12 horas. El precámbrico ocuparía las primeras 10 horas y media. Desde la «explosión» de vida del cámbrico hasta el día de hoy ocuparía 90 minutos. Los dinosaurios se extinguieron hace sólo 9 minutos. La historia completa de la humanidad ocuparía el último segundo.

LA HISTORIA DE LA TIERRA • 27

Los sucesos de la historia de la Tierra quedaron grabados en las rocas que se formaron en un momento determinado. Cuando sedimentos tales como la arena, el cieno o el barro se convierten en rocas, los restos de las formas vivas de cada época se fosilizaron dentro de las propias rocas. Así los científicos pueden obtener indicios de cómo era el mundo en cada uno de los períodos geológicos. Las capas de roca sedimentaria representan alguna de las épocas geológicas, aunque en ningún lugar de la Tierra se encuentran rocas de todos los períodos.

LA DERIVA DE LOS CONTINENTES

La corteza de la Tierra se divide en grandes bloques, llamados placas tectónicas. Estas placas, que incluyen tanto los continentes como los suelos de los océanos, se mueven lentamente a una velocidad aproximada de un centímetro al año. A través del tiempo geológico, todos los continentes han vagado por la totalidad del globo, colisionando unos contra otros o separándose. Hace unos 200 millones de años, se juntaron para formar un único continente, llamado Pangea. No había océano Atlántico, y América estaba pegada a África y Europa. Desde entonces los continentes se han ido separando, y algunas placas, como las de la India y Asia, han chocado entre sí.

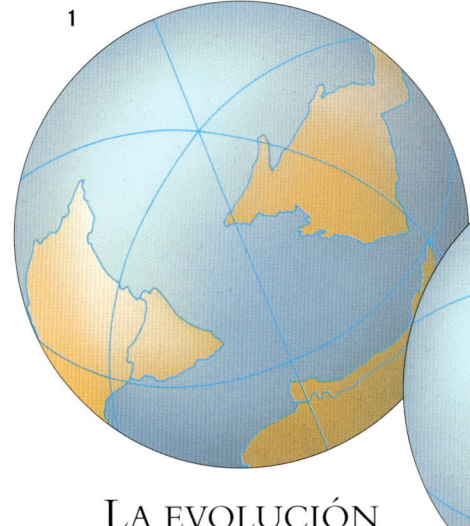

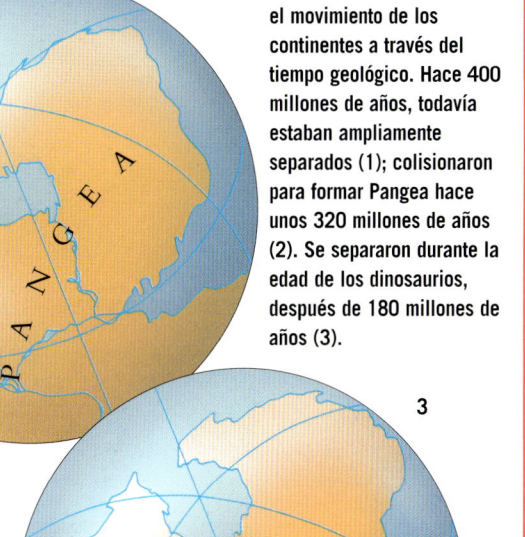

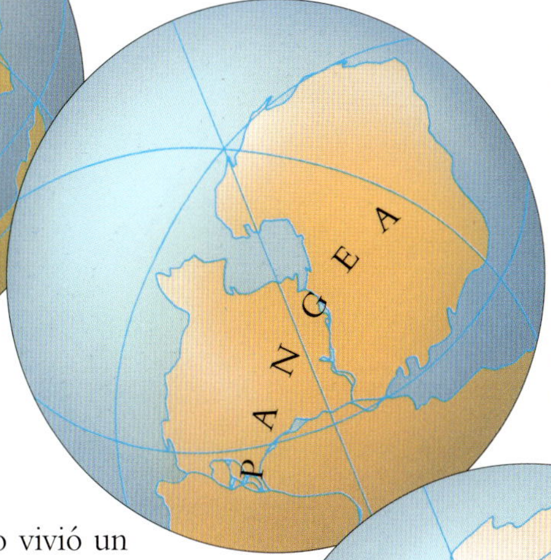

Estos tres globos muestran el movimiento de los continentes a través del tiempo geológico. Hace 400 millones de años, todavía estaban ampliamente separados (1); colisionaron para formar Pangea hace unos 320 millones de años (2). Se separaron durante la edad de los dinosaurios, después de 180 millones de años (3).

LA EVOLUCIÓN DE LA VIDA

Los científicos pueden deducir cuándo vivió un animal o planta concreto determinando la edad de las rocas en las que se encontró su fósil. A través del tiempo geológico, la historia de los fósiles nos demuestra que los animales (y otras formas de vida) han ido cambiando gradualmente. Las aletas, colas, alas o dientes se han desarrollado como parte de un proceso por el cual un animal se adapta a su medio. Este proceso se conoce como evolución, y juega una parte muy importante en el curso de la historia de la Tierra.

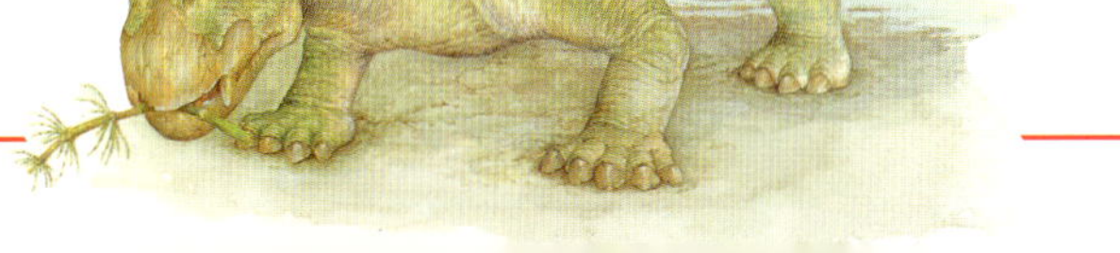

¿Cómo sabemos que ha habido un desplazamiento de los continentes? Los fósiles, de nuevo, nos dan la respuesta. El descubrimiento de los fósiles del lystosaurus *(izquierda)*, un reptil del triásico, en Sudáfrica, la India y la Antártida, nos demuestra que estas tierras estuvieron juntas alguna vez (en Gondwana. ¿Cómo si no hubiese podido este animal terrestre haber vivido en todos estos sitios?

LA PRIMERA VIDA

LA PRIMERA VIDA apareció no sobre la tierra sino en el mar. La atmósfera era todavía delgada, y por tanto no había suficiente oxígeno en el aire para sustentar la vida. Las radiaciones ultravioletas, letales para las formas de vida, estaban todavía en niveles peligrosos. Ninguno de estos problemas afectaba a la vida submarina.

La vida probablemente se inició hace unos 3.800 millones de años, aunque la evidencia fósil más antigua que tenemos es de hace 3.500 millones de años. Nadie sabe cómo empezó la vida; los científicos piensan que las lagunas de agua caliente y superficial en las orillas de los océanos habrían sido el medio ideal para la formación de elementos químicos, que llegarían a desarrollar colonias de vida. Las reacciones químicas vitales podrían haberse desencadenado por efecto de un rayo, por el choque de las olas o por el impacto de un meteorito.

La primera forma de vida fue la bacteria. Los fósiles más antiguos se conocen como *estromatolites*, bancos de algas azul verdoso que crecieron en agua superficial. Pasaron otros 2.500 millones de años antes de que formas complejas de vida, como las plantas marinas, empezaran a aparecer.

La más grande y feroz de todas las criaturas del cámbrico fue el *anomalocaris*, de 60 cm de longitud. Su nombre significa «gamba rara». Tiene un cuerpo con forma de manto, dos grandes ojos situados en las antenas y un par de brazos con forma de pinzas. Otras formas de vida marina más pequeñas tenían defensas para rechazar a tales gigantes marinos depredadores. La *hallucigenia*, que se movía por el fondo del mar sobre siete pares de zancos, tenía una hilera de espinas defensivas en su lomo. La *wixaxia* tenía la forma de un sombrero, con dos filas de espinas a modo de cuchillas.

Los primeros animales conocidos aparecieron hace unos 580 millones de años. Los fósiles de criaturas marinas de cuerpos blandos: plumas de mar, medusas, gusanos y animales con forma de cangrejo, encontrados en las colinas de Ediacara, Australia, demuestran la existencia de vida en el precámbrico (que representa cinco sextas partes del camino recorrido por la historia de la Tierra).

Aproximadamente hace 530 millones de años, empezaron a aparecer los primeros animales con partes duras (conchas o esqueletos con huesos). Empezaban a darse grandes variedades de formas de vida, todavía marítimas: crustáceos, corales, estrellas de mar, esponjas y moluscos. Esta «explosión» de vida tuvo lugar al comienzo del período cámbrico. Los fósiles descubiertos en Burguess Shale en la Columbia Británica, Canadá, demuestran cómo debió ser la vida en un mar caliente y poco profundo en la época cámbrica. Entre las formas de vida que nos son familiares hoy, había algunas criaturas de aspecto bastante extraño. Una, la *opabinia*, tenía cinco ojos con forma de hongo y una gran pinza para poder agarrar a su presa.

CLAVE
1 *Opabinia*
2 *Anomalocaris*
3 *Pikaia*
4 *Leanchoilia*
5 *Aysheaia*
6 *Hallucigenia*
7 *Sanctacaris*
8 *Alalcomenaeus*
9 *Wiwaxia*

LA HISTORIA DE LA TIERRA • 29

Uno de los animales de Burguess Shales puede tener un significado especial para nosotros. Es la *pikaia*, así llamada por el cercano Monte Pika. Esta criatura pequeña con forma de gusano tenía una parte endurecida a lo largo de su cuerpo –no una espina dorsal, aunque muy similar–. También tenía músculos con segmentos en forma de V, exactamente igual que un pez moderno. La *pikaia* puede haber sido un antecesor temprano del grupo de animales llamados vertebrados (animales con espina dorsal) tales como los peces, reptiles, pájaros y mamíferos. Los fósiles recientemente encontrados en China muestran que peces con branquias, aunque sin mandíbulas, ya nadaban en los océanos hace 530 millones de años.

Las ciénagas de carbón

A COMIENZOS DEL PERÍODO carbonífero las plantas se habían extendido por los continentes del mundo y habían evolucionado a diversos tipos, entre ellos, a árboles gigantes. Hace unos 350 millones de años, Europa y Norteamérica eran tierras tropicales. Bosques cálidos y húmedos cubrían las tierras bajas, conocidas como las ciénagas de carbón.

El ciclo continuo de crecimiento y desaparición de la vegetación pantanosa produjo gruesas capas de materia putrefacta que se convirtió en turba, una tierra oscura y densa. Tras millones de años, las capas de turba, cubierta por sedimentos, fueron comprimidas hasta transformarse en roca. Es lo que hoy conocemos como carbón.

Los árboles gigantes, como el *lepidendron*, un tipo de licopodio o musgo, y el *calamites*, una gran cola de caballo, dominaron las ciénagas de carbón. Libélulas del tamaño de las palomas, cucarachas gigantes y milpiés de 2 m de longitud vivieron entre sus ramas.

Insectos gigantes, como esta libélula, frecuentaban los bosques húmedos y cálidos, y eran presa de los anfibios y reptiles que habitaban en los pantanos.

De anfibios a reptiles

Los primeros anfibios merodeaban por las aguas de los pantanos del carbonífero. Estos animales habían evolucionado de los peces, y sus aletas se convirtieron en miembros con dedos. El *ichthyostega*, un anfibio que vivió en los trópicos de Groenlandia (ahora una isla polar), tenía la cabeza y la cola con forma de pez, ya que aún volvía al agua, especialmente con el propósito de poner sus huevos, que estaban cubiertos de gelatina.

Finalmente, algunos anfibios desarrollaron la forma de reproducirse en tierra, evitando así tener que volver al agua. Animales como el diminuto *hylonomus* pusieron huevos con cáscara dura. Fueron los primeros reptiles.

Una escena en Norteamérica hace unos 300 millones de años. Un grupo de *eryops*, anfibios de 2 m de largo, se mueve entre la densa vegetación de la marisma de carbón. Estas criaturas pasaban probablemente la mayor parte del tiempo en el agua. Mientras el *hylonomus* (ratón de bosque), de 20 cm de longitud, uno de los primeros reptiles, observa.

Los mares del carbonífero estaban llenos de vida. Los tiburones eran los depredadores dominantes. El *stethacanthus* tenía una extraña protuberancia sobre su cabeza.

El mundo en el Pérmico

Durante el período carbonífero, los dos grandes continentes de la Tierra, Laurasia (compuesto de partes de Asia actual y Europa) y Gondwana (una combinación de América del Sur, África, Antártida y Australia), colisionaron entre sí formando una única e inmensa masa de tierra. Los geólogos han llamado a este «supercontinente» Pangea.

Gran parte del sur de Pangea se extendía por el Polo Sur durante el comienzo del período pérmico. Estaba cubierto de una capa de hielo. Una gran parte del agua de la Tierra fue «enterrada» bajo el hielo. Esto significó que para el resto del mundo el clima se volvió muy seco y cálido.

Los bosques húmedos y tropicales del carbonífero dieron paso a extensos y secos desiertos y tierras de monte bajo. Los grandes anfibios que dependían del agua para su reproducción, empezaron a desaparecer, mientras que los reptiles se multiplicaron. Su habilidad para poner huevos en la tierra les permitió vivir en ambientes secos. Tenían unas piernas fuertes y una piel dura, y desarrollaron músculos mandibulares poderosos con los que comer las duras plantas del desierto.

LA HISTORIA DE LA TIERRA • 33

CLAVE
1 *Coelurosauravus*
2 *Mosschops*
3 *Protorosaurus*
4 *Scutosaurus*
5 *Edaphosaurus*
6 *Dimetrodon*

LA EDAD DE LOS REPTILES

Reptiles de todos los tipos dominaron el seco mundo pérmico. (Algunas especies, como el *mesosaurus*, se adaptaron a vivir en el agua de nuevo.) En los años siguientes, la fuerza y tamaño de los reptiles marinos les convertirían en depredadores temibles. Los reptiles terrestres se clasifican en tres grupos según la abertura de sus cráneos: los anápsidos, precursores de las tortugas y galápagos, carecían de ella; los sinápsidos, que dominaron el paisaje pérmico, tenían una abertura a cada lado; finalmente los diápsidos tenían dos aberturas craneales a cada lado. Este grupo dio origen no solamente a los modernos lagartos, serpientes y cocodrilos, sino también, durante el período triásico, a los dinosaurios.

A los reptiles sinápsidos se les conoce con el nombre de reptiles-mamíferos, ya que fueron los antecesores de los mamíferos. Los primeros en evolucionar fueron los pelicosaurios. Algunos, como el *dimetrodon* y el *edaphosaurus (arriba)*, eran gigantes de 3 m de largo con aletas dorsales de piel, sostenidas por unas largas y delgadas espinas que sobresalían del espinazo. Se piensa que dichas aletas actuaban como reguladores de temperatura, ya que los vasos sanguíneos de la piel se calentaban y enfriaban rápidamente con el calor del sol.

Los pelicosaurios fueron sustituidos por los terápsidos, un grupo que incluía el *moschops*, herbívoro pesado de 5 m de largo. Igualmente lento era el anápsido *scutosaurus*. Los diápsidos eran todavía bastante escasos. Entre ellos se incluía el *coelurosaurus*, un pequeño planeador, y el veloz *protorosaurus*.

EL MUNDO EN EL TRIÁSICO

EL TRIÁSICO empezó hace 250 millones de años, cuando gran número de animales, tanto en tierra como en el mar, empezaron a extinguirse. Los científicos no saben el porqué, aunque las condiciones climáticas húmedas y extremadamente calientes por todo el continente de Pangea pudieron ser la causa.

Algunos reptiles sobrevivieron a la extinción: es el caso de los reptiles-mamíferos. El *lystosaurus*, un reptil con forma de cerdo y con cuernos, se extendió rápidamente. Otro grupo de reptiles empezó a dominar en esta época. Con sus potentes mandíbulas y armadura ósea, el arcosaurio, del grupo de los diápsidos, se multiplicó. Los primeros tenían un modo de andar similar a los lagartos, pero, a medida que avanzó el período triásico, algunos tipos empezaron a adoptar una posición más recta. El potente corredor *ornithosuchus*, por ejemplo, tenía un cuerpo corto con una larga cola, para mantener el equilibrio, y fuertes patas traseras. A finales del triásico, algunas especies de arcosaurios caminaron definitivamente sobre dos patas. Fueron los primeros dinosaurios.

El *euparkeria* era un arcosaurio, un antecesor del dinosaurio. Podía correr sobre sus patas traseras.

LOS PRIMEROS DINOSAURIOS

Los primeros dinosaurios conocidos aparecieron hace unos 230 millones de años en la zona meridional de Sudamérica y en el sur de Europa. En el triásico, ambas regiones ocupaban los márgenes de Pangea, un paisaje frondoso, en contraste con el árido interior del supercontinente. Estos dinosaurios eran pequeños terópodos (carnívoros) que corrían sobre dos patas. El *herrerasaurus*, de Sudamérica, tenía un cuello flexible, grandes ojos, dientes afilados y larga cola que actuaba como balancín. Sus fuertes patas traseras dejaban sus manos libres para atrapar a su presa.

Sudamérica en el período triásico.

CLAVE
1 *Riojasaurus*
2 *Herrerasaurus*
3 *Mussaurus*

CLAVE
1 *Eudimorphodon*
2 *Kuehneosaurus*
3 *Plateosaurus*
4 *Ornithosuchus*
5 *Saltopus*

Los herbívoros, o saurópodos, llegaron después, a finales del triásico. Uno de los más grandes de los saurópodos primitivos fue el *riojasaurus*, de 10 m de largo, también de Sudamérica. Otro fue el *plateosaurus*, de Europa *(arriba)*. De 8 m de largo, permanecía probablemente la mayor parte del tiempo sobre cuatro patas, pero en ocasiones sus largas y poderosas patas traseras le permitían elevarse hasta la copa de los árboles para alimentarse, e incluso correr distancias cortas sobre dos patas. El *plateosaurus* puede haber utilizado su larga y curvada garra del pulgar para derribar ramas. Incapaz, como muchos dinosaurios, de masticar su comida, se tragaba piedras para machacar las plantas en el interior de su estómago, facilitando así la digestión.

No todos los herbívoros eran tan enormes. El *mussaurus* era sudamericano. Debe su nombre, que significa lagarto-ratón, a que el primer esqueleto descubierto era pequeño. Los científicos averiguaron después que ese esqueleto era de una cría. Los adultos podían llegar a medir 3 m.

Uno de los dinosaurios más conocidos del triásico fue el *coelophisis*. Un terópodo de 3 m de largo, que vivió en lo que es ahora el sur de Estados Unidos. Este animal tenía una cabeza larga y estrecha, y agudos y afilados dientes que usaba para devorar lagartos y otras pequeñas presas. Se han encontrado juntos un gran número de fósiles, que sugieren que vivió en manadas como los lobos. Algunos esqueletos contenían huesos de sus crías, lo que hace pensar que estos dinosaurios eran caníbales.

El *coelophisis* fue un dinosaurio de cuerpo ligero, adaptado a la carrera.

El mundo en el Jurásico

Durante el Jurásico en el tiempo comprendido entre hace 208 y 144 millones de años, el supercontinente de Pangea empezó a partirse en dos: Laurasia y Gondwana, que volvieron a separarse. El clima, que era todavía caluroso, se hizo mucho más húmedo. Subió el nivel del mar, que inundó extensas tierras bajas. Las plantas, especialmente las coníferas, se desarrollaron abundantemente, proporcionando una rica fuente de alimentación para los dinosaurios, ahora los únicos grandes animales terrestres.

Los saurópodos evolucionaron a especies cada vez más grandes, culminando en gigantes tales como el *diplodocus* y el *brachiosaurus*, que están entre los animales terrestres más grandes que jamás hayan existido. Estas enormes criaturas, que medían más de 20 m de longitud, tenían largos cuellos e igualmente largas colas como látigos, que les servían para equilibrarse. Sus dientes, con forma de gancho (en el *diplodocus* y en el *brachiosaurus*) o de cuchara (en el *cetiosaurus* y en el *camarasaurus*), estaban perfectamente diseñados para arrancar las hojas de los árboles.

Mientras los saurópodos se hacían más grandes y numerosos, los terópodos carnívoros se convirtieron en poderosos cazadores, capaces de derribar a un saurópodo de 20 m, individualmente o en manadas. El *megalosaurus*, de la Europa del jurásico, medía cerca de 9 m. Equipado con poderosas mandíbulas, era capaz de atacar incluso a grandes saurópodos (el *megalosaurus* fue el primer dinosaurio descubierto). El depredador más importante de Norteamérica fue el *allosaurus*, de 12 m de longitud. Puede que cazara en manadas, para poder atacar a los *diplodocus*. Cualquier presa atrapada en sus dientes curvados hacia atrás lo habría tenido difícil para escapar.

El *stegosaurus* era un dinosaurio herbívoro. Puede que se levantara sobre sus patas traseras para alimentarse de los árboles.

CLAVE
1 *Cetiosaurus*
2 *Megalosaurus*
3 *Echinodon*
4 *Compsognathus*

Para defenderse de estos temibles depredadores, algunos herbívoros desarrollaron una armadura. El *stegosaurus*, un dinosaurio lento de 10 m de largo, oriundo de Norteamérica, tenía dos filas de placas óseas en forma de diamante a lo largo de su lomo. También poseía varias espinas largas al final de su cola, con las que golpeaba a su atacante.

Rhamphorhynchus

Pterodactylus

Archaeopterix

Los fósiles de todas estas criaturas voladoras han sido encontrados en rocas del período jurásico en Alemania.

Junto con los enormes dinosaurios del jurásico vivieron algunos de los dinosaurios más pequeños que se conocen. No mayor que un gato, el *compsognathus* era un depredador de largas patas y rápido movimiento, que se alimentaba de lagartos y otras criaturas pequeñas a las que perseguía por el monte bajo. Restos fósiles de su esqueleto muestran que tenía una complexión muy similar a la del *archaeopterix,* uno de los pájaros más primitivos que se conocen, y que vivió en la misma región, Europa, hace 150 millones de años. Existen pruebas recientes de que algunos dinosaurios estaban provistos de plumas, lo que refuerza la creencia de que los pájaros descienden de los dinosaurios.

Sin embargo, no son los pájaros los primeros vertebrados en volar. Reptiles voladores, conocidos como pterosaurios, ya lo habían hecho durante el período triásico. El *rhamphorhynchus* y el *pterodactilus* fueron depredadores marinos durante el jurásico.

Las láminas de piel entre el cuarto dedo y el cuerpo dieron origen a las alas del pterosaurio. Muchos de ellos tenían poderosos picos con dientes que resultaban perfectos para sujetar a los peces que cazaban al vuelo rozando la superficie del mar.

El jurásico vio emerger un nuevo tipo de dinosaurio. Los saurópodos o terópodos eran dinosaurios saurisquios, con cadera similar a la de un lagarto. En este momento un nuevo grupo, los ornitisquios, o dinosaurios con cadera con forma de pájaro, hicieron su aparición. Los huesos de la cadera eran similares a los de los modernos pájaros (aunque, paradójicamente, los pájaros descienden de los saurisquios). Capaces de masticar, estos herbívoros se multiplicaron rápidamente, aprovechándose de la siempre creciente variedad de plantas que había a finales del jurásico.

El *brachiosaurus* es el dinosaurio más grande conocido con un esqueleto fósil completo. Con 14 m de altura, ¡habría podido mirar a través de la ventana de un edificio de cuatro plantas! Utilizaba su largo cuello para arrancar las hojas de lo alto de los árboles.

Un ser humano a escala.

El mundo en el Cretáceo

EL PERÍODO CRETÁCICO fue el apogeo de los dinosaurios. Laurasia y Gondwana, las mitades norte y sur de Pangea, empezaron a separarse en masas de tierra más pequeñas. Más tarde se convertirían en los continentes que hoy conocemos. El clima permaneció tan cálido y húmedo como en el período jurásico, y una gran variedad de plantas crecieron en todas las partes del mundo, incluida la Antártida, hoy una tierra helada. Plantas con flores y árboles de hoja caduca, que habían evolucionado durante el jurásico, reemplazaron a algunas especies de plantas más antiguas.

La abundancia de plantas favoreció la aparición de nuevos tipos de ornitisquios. Se hicieron más abundantes a comienzos del cretáceo, mientras que muchos de los grandes saurópodos de cuello largo, tales como el *brachiosaurus* y el *apatosaurus,* desaparecieron. A diferencia de los lentos y pesados saurópodos, muchos de estos nuevos tipos eran dinosaurios pequeños y rápidos. Al igual que las gacelas cuando se ven en peligro, una manada de *hypsilophodon,* del cretáceo europeo, corría en tropel para ponerse a salvo.

El *iguanodon* caminó probablemente a cuatro patas, inclinándose sobre sus patas traseras para correr más deprisa, para coger las hojas más altas de los árboles o para poder golpear con su dedo pulgar en forma de pincho para defenderse. Cuando comía, su pico sin dientes cortaba las hojas, mientras que con los dientes de sus mandíbulas las masticaba antes de tragárselas.

Iguanodon

El *iguanodon,* un animal considerablemente más grande (9 m de longitud), era mucho menos ágil que el *hypsilophodon,* y confiaba en otros medios de defensa. Además de sus dedos con forma de garras, el *iguanodon* tenía un pulgar grande y afilado en forma de pincho, con el que podía golpear en el cuello a cualquier dinosaurio depredador. Manadas de *iguanodon* recorrieron las selvas tropicales de todo el mundo.

CLAVE
1 *Gallimimus*
2 *Saichania*
3 *Oviraptor*
4 *Protoceratops*

LA HISTORIA DE LA TIERRA • 39

El *baryonyx (abajo)* era un extraño dinosaurio terópodo de la Europa del cretáceo. Tenía el cuerpo de un gran carnívoro (6 m de largo), y sin embargo su cráneo era largo y estrecho con muchos dientes pequeños y afilados parecidos a los del cocodrilo. El *baryonyx* probablemente se alimentaba de peces, y capturaba a sus presas en la superficie del agua gracias a su larga garra del pulgar, de donde procede su nombre («garra pesada»).

Otros herbívoros

En el período cretácico también surgieron los hadrosaurios, dinosaurios ornitisquio que reponían constantemente los dientes viejos y desgastados, lo que les permitía aprovecharse de la extensa vegetación que creció a finales de este período.

Los dinosaurios con armadura también evolucionaron a formas muy diferentes. Los anquilosaurios eran formidables dinosaurios con forma de tanque, cubiertos de filas de duras placas óseas y pinchos. Si esto no fuera suficiente para disuadir al atacante, anquilosaurios como el *saichania*, de Mongolia, tenían una gran bola ósea al final de su cola que podían utilizar como porra.

Los carnívoros del cretáceo

Durante el cretáceo aparecieron nuevos dinosaurios depredadores, algunos muy grandes, como el *carnotaurus*, y otros pequeños, como los dromaeosaurios. El *deinonychus* era un dromaeosaurio de 3 m de longitud, oriundo de Norteamérica, que cazaba en manada y que abatía a sus presas lanzando zarpazos con las garras del pie en forma de gancho. Otros depredadores eran los ornitomímidos, inteligentes y rápidos cazadores de presas pequeñas, y el gigante tiranosaurio.

El *deinonychus* contaba con garras mortales en las patas traseras de las que proviene su nombre, «garra terrible».

El *ornithomimus*, de 3 m de longitud, alcanzaba los 50 km/h con sus patas largas y poderosas.

El *parasaurolophus* era un hadrosaurio. La cresta sobre su cabeza se desplegaba como advertencia ante situaciones de peligro.

EL FIN DE LOS DINOSAURIOS

AL FINAL del período cretácico, hace unos 65 millones de años, todos los dinosaurios se habían extinguido. Habían dominado la Tierra durante más de 160 millones de años (los humanos modernos existen desde hace sólo 125.000 años). Aunque los pájaros y los mamíferos habían evolucionado durante la edad de los dinosaurios, no existía ningún otro animal terrestre grande, a excepción hecha de los cocodrilos, que pasaban la mayor parte del tiempo en el agua.

Al final de la edad de los dinosaurios aparecieron algunos de los tipos más espectaculares. Entre los herbívoros, los hadrosaurios, como el *lambeosaurus* y el *pachycephalosaurus*. Eran muy numerosos; a éstos se les unió un nuevo grupo, los ceratopianos, dinosaurios con cuernos. En Norteamérica, durante los últimos 20 millones de años del reino de los dinosaurios, fueron los herbívoros grandes más abundantes de la Tierra. Animales como el *triceratops,* gigante de 9 m, tenían un cráneo enorme, una especie de corona de protección alrededor del cuello, grandes cuernos y un pico parecido al de un loro.

El *megazostrodon* fue uno de los primeros mamíferos. De 5 cm de largo, se alimentaba de insectos.

Solamente un depredador grande y poderoso podía hacer frente al *triceratops*. Desgraciadamente para él existió tal monstruo: el *tyrannosaurus rex*. Esta terrible máquina de matar de 12 m de longitud tenía unas patas traseras enormes que le proporcionaban una gran velocidad en distancias cortas. Tenía la cabeza muy grande y mandíbulas con filas de dientes en forma de sierra de hasta 18 cm. Sólo sus brazos eran pequeños, pues de haber sido más largos le habrían desequilibrado. El *tyrannosaurus* probablemente mataba cargando sobre su presa y derribándola con mordiscos devastadores.

LA HISTORIA DE LA TIERRA • 41

LA EXTINCIÓN EN MASA

Los dinosaurios, los pterosaurios, todos los reptiles marinos y un gran número de otras especies desaparecieron al final del cretáceo. No se sabe aún cómo ocurrió, pero hay pruebas de que el suceso fue bastante repentino. Muchos científicos piensan que un asteroide enorme (un gran roca espacial) pudo chocar contra la Tierra *(arriba)*. La explosión resultante habría llenado la atmósfera de polvo, que al oscurecer la luz del sol habría hecho descender las temperaturas durante muchos años.

Un *tyrannosaurus* y un *triceratops* se enfrentan en la Norteamérica de hace 70 millones de años. Aunque el collar del *triceratops* le protegía de los ataques, los dientes del *tyrannosaurus* estaban lo suficientemente afilados como para penetrar en la escamosa piel del herbívoro.

Otra teoría apunta a que una enorme erupción volcánica tuvo lugar en la Tierra que arrojó a la atmósfera millones de kilómetros cúbicos de lava, produciendo el mismo efecto en el clima que la colisión de un asteroide.

Ambas teorías se fundan en el descubrimiento geológico de una capa de metal, llamada iridio, en las rocas del último cretácico. Este metal también aparece en el núcleo terrestre y los asteroides hoy en día. El iridio debió ascender por la explosión de un asteroide o la lava que subió a la superficie, compactando en las rocas terrestres.

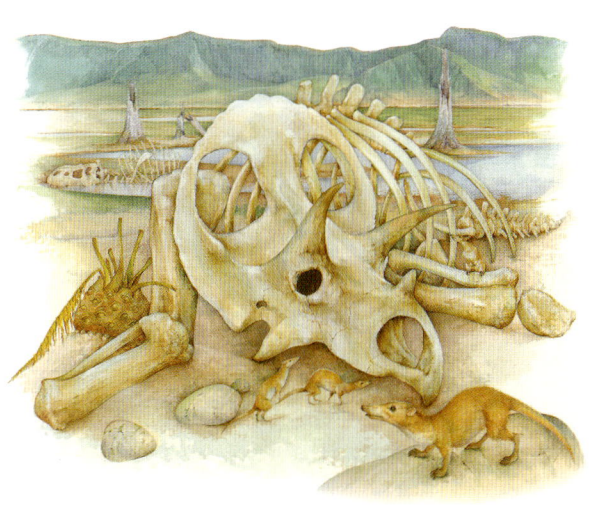

Pequeños mamíferos exploran el esqueleto de un *triceratops*. La edad de los dinosaurios ha terminado.

LOS SUPERVIVIENTES

Aunque los dinosaurios y otros muchos animales perecieron, un gran número de especies de reptiles sobrevivieron al desastre: lagartos, serpientes, cocodrilos y tortugas. La desaparición de los dinosaurios y pterosaurios ofreció a los mamíferos la oportunidad de convertirse en los animales terrestres dominantes, y a los pájaros ejercer la supremacía en el aire.

Los mamíferos habían evolucionado desde los reptiles-mamíferos en el triásico, hace 225 millones de años. Tenían pelo en la piel y sangre caliente. Sin embargo, mientras los peligrosos dinosaurios depredadores existieron, no pasaron de ser pequeños animales con forma de musaraña que sólo se atrevían a salir por la noche a cazar. No obstante ahora su momento había llegado.

La edad de los mamíferos

Después de las dramáticas extinciones del período cretácico, la Tierra entró en lo que se denomina período terciario. Se divide en distintas épocas, que empieza en el paleoceno y termina hace 1,8 millones de años con el advenimiento de las edades del hielo.

A comienzos del terciario, los continentes se habían ya situado en la posición actual, aunque el norte y el sur de América se encontraban aún separados. Cada continente, con la excepción de Australia y la Antártida que todavía estaban unidos, se había convertido en una masa terrestre aislada. Esto significó que los primeros mamíferos evolucionaron por separado dentro de cada uno de sus respectivos continentes.

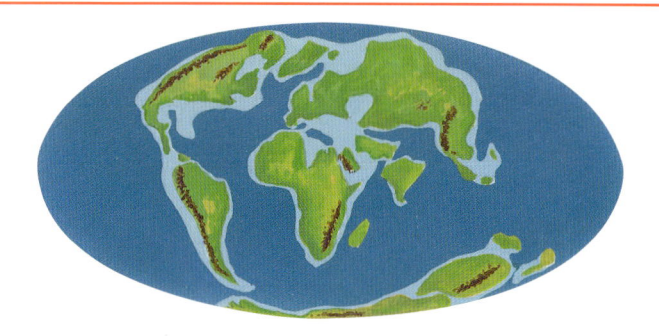

Este es un mapa del mundo durante el eoceno (en el período terciario), hace 50 millones de años aproximadamente *(arriba)*. **Las zonas de color azul claro son aguas poco profundas, extensiones de tierra que quedaron sumergidas al subir el nivel del mar.**

Este es el aspecto de una región del norte de África, hoy un desierto baldío, hace 35 millones de años *(abajo)*. **En estos pantanos vivía el primitivo elefante** *phiomia*, **el** *arsinoitheriom*, **parecido al rinoceronte, y un primate arcaico, el** *aegyptopithecus*.

CLAVE
1 *Aegyptopithecus*
2 *Arsinoitherium*
3 *Phiomia*

LA HISTORIA DE LA TIERRA • 43

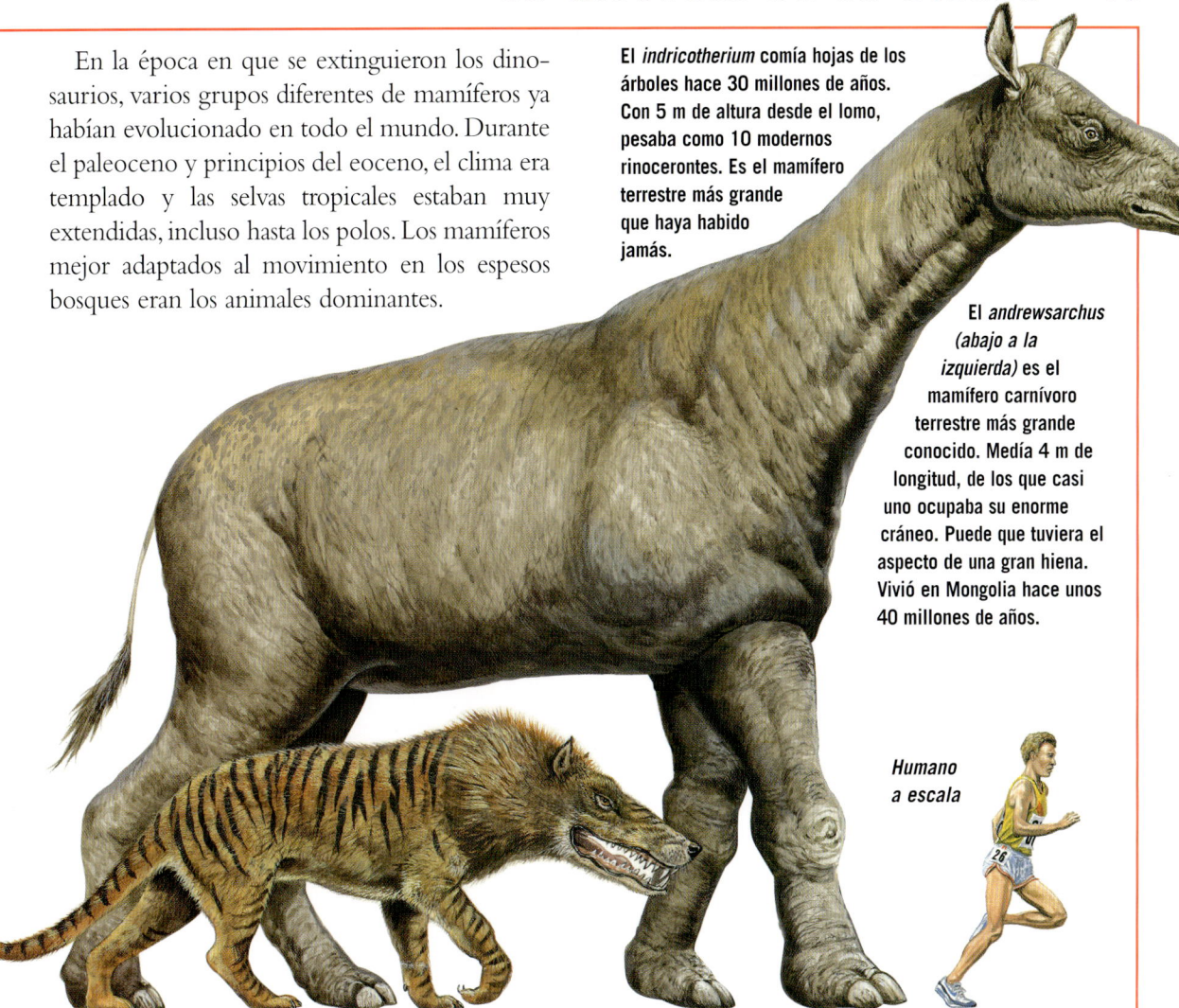

En la época en que se extinguieron los dinosaurios, varios grupos diferentes de mamíferos ya habían evolucionado en todo el mundo. Durante el paleoceno y principios del eoceno, el clima era templado y las selvas tropicales estaban muy extendidas, incluso hasta los polos. Los mamíferos mejor adaptados al movimiento en los espesos bosques eran los animales dominantes.

El *indricotherium* comía hojas de los árboles hace 30 millones de años. Con 5 m de altura desde el lomo, pesaba como 10 modernos rinocerontes. Es el mamífero terrestre más grande que haya habido jamás.

El *andrewsarchus* (abajo a la izquierda) es el mamífero carnívoro terrestre más grande conocido. Medía 4 m de longitud, de los que casi uno ocupaba su enorme cráneo. Puede que tuviera el aspecto de una gran hiena. Vivió en Mongolia hace unos 40 millones de años.

Humano a escala

LOS MAMÍFEROS HERBÍVOROS

Los mamíferos del paleoceno vivían en los bosques. Incluían un número de especies que hoy nos son poco familiares. Algunos iban por el suelo en busca de raíces y plantas. Entre ellos se contaba el *uintatherium,* con cabeza abultada, y el *arsinoitherium,* con dos cuernos en el frontal de la cabeza. Otros, roedores y primates principalmente, trepaban a los árboles para comer sus hojas y frutos.

No había grandes mamíferos carnívoros. No así entre los pájaros, entre los que existía algún depredador gigante, como por ejemplo el *diatryma,* oriundo de Norteamérica, que llegaba a medir 3 m. Con su enorme pico podía triturar huesos, y se alimentaba de mamíferos, incluso hasta de primitivos caballos de pequeño tamaño.

LOS MAMÍFEROS GIGANTES

Durante el oligoceno el clima empezó a enfriarse. Se formaron capas de hielo en los polos, y muchas de las densas zonas selváticas fueron reemplazadas por bosques más abiertos. Bajo estas nuevas condiciones prosperaron mamíferos de mayor tamaño. Entre ellos estaban el *indricotherium,* un enorme rinoceronte del Asia Central, y el *andrewsarchus,* un primitivo mamífero carnívoro gigante.

Durante el mioceno, se formaron grandes praderas, en las que evolucionaron veloces caballos y antílopes, así como perros predadores, gatos y hienas. Los grandes elefantes también se adaptaron al medio. Mientras, los carnívoros que se alimentaban de peces empezaron a pasar más tiempo dentro del agua, dando origen al grupo que hoy día llamamos ballenas.

LAS GLACIACIONES

EL PERÍODO CUATERNARIO comenzó hace 1,8 millones de años y continúa hasta el momento presente. El pleistoceno, que duró hasta hace 10.000 años, fue la época de las glaciaciones, durante las cuales, en al menos cuatro ocasiones, grandes capas de hielo se extendieron hacia el sur y cubrieron gran parte del norte de Europa, Norteamérica y Asia. Entre medias hubo períodos de clima más cálido, incluso subtropical, llamados interglaciares.

El *coelodonta*, rinoceronte lanudo de la edad del hielo.

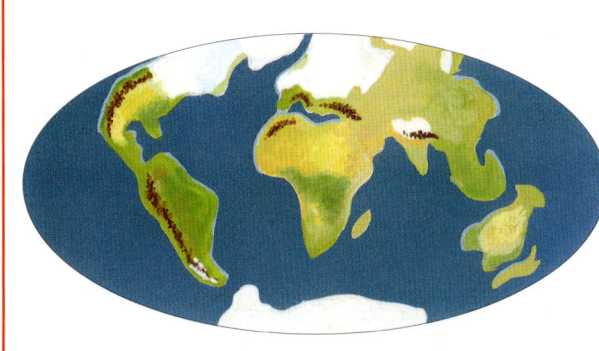

Este es un mapa del mundo hace 40.000 años, en lo más álgido de la última glaciación acaecida en el pleistoceno. Las zonas blancas muestran las capas de hielo. Hoy en día, las capas de hielo cubren el océano Ártico, Groenlandia y algunas de las islas del norte de Canadá. Durante las glaciaciones, el hielo se extendió hacia el sur. Gran parte del agua del mundo se convirtió en hielo, dando como resultado un nivel de las aguas de los océanos más bajo.

Las glaciaciones del pleistoceno no son las únicas. Una gran glaciación ocurrió a finales del carbonífero y principios del pérmico, hace unos 290 millones de años. Los climas hoy en día son generalmente más templados que en muchos momentos de la prehistoria, así que es bastante posible que estemos viviendo una época interglaciar. Una quinta glaciación puede cualquier día atenazar al mundo.

No está claro qué es lo que causa una glaciación. Puede ser que el ángulo de rotación de la Tierra cambie ligeramente, alejando los polos de los rayos solares.

La mayor parte de Norteamérica y norte de Europa tenía este aspecto hace 40.000 años. El hielo tenía 3 km de espesor en algunos lugares. El desplazamiento del hielo engulló valles, niveló llanuras y colinas, rellenó cuencas rocosas y formó lagos al derretirse.

El *gigantopithecus* era un enorme mono de 2,5 m de altura. Habitaba los bosques de China en las edades del hielo. Se alimentaba de hojas. Algunos piensan que es el origen de la leyenda del Yeti.

Las glaciaciones ejercieron un gran efecto sobre el clima de la Tierra, y como consecuencia la fauna experimentó también grandes cambios. Durante los períodos interglaciares, animales tales como los hipopótamos, hienas y elefantes emigraron hacia el norte. Cuando las capas de hielo avanzaron hacia el sur, mamuts, rinocerontes, renos y osos se adaptaron a las grandes regiones de tundra, zonas de pastos bajos sin árboles y suelos helados. Algunos emigraron al sur en invierno, otros hibernaron.

El mamut es el mamífero más conocido de la época de las glaciaciones. Los mamuts lanudos *(debajo)*, con sus espesas pieles y cuerpos cubiertos de grasa, estaban bien preparados para el frío del norte, en donde no existía el verano. Vagaban por las tundras hasta hace 10.000 años aproximadamente (aunque un pequeño número sobrevivió en Siberia hasta hace unos 3.500 años). Cadáveres completos, preservados en hielo, se conservan todavía hoy. Probablemente el cambio climático acabó con ellos, aunque pudieron haberse extinguido por la caza del hombre.

La evolución humana

Animales con apariencia humana, llamados homínidos, aparecieron por primera vez hace unos 4 millones de años; sin embargo, la evolución de los modernos seres humanos tuvo lugar durante las glaciaciones. Los restos fósiles apuntan a las praderas de África como el lugar de origen, desde donde los humanos se esparcieron por todo el mundo. Una rama de la familia *homo sapiens*, llamada Neanderthal, se adaptó al frío clima europeo, aunque desapareció hace 30.000 años.

Términos usuales

Arcosaurios Grupo de reptiles que apareció por primera vez a finales del período pérmico, y que dieron origen a los cocodrilos, pterosaurios, dinosaurios y pájaros.

Atmósfera Capa de gases responsable de la vida que envuelve la Tierra.

Aurora boreal Luces de colores que se ven en el cielo cerca de los polos. Tienen lugar cuando el campo magnético terrestre atrapa las partículas de alta energía provenientes del sol.

Campo magnético Región que rodea a un imán, objeto que cuenta con dos polos y que ejerce una fuerza de atracción.

Ciclo del agua El proceso por el cual el agua circula de la tierra a los océanos, de éstos a la atmósfera y vuelta a la tierra de nuevo.

Condensación Proceso por el cual una sustancia pasa del estado gaseoso al líquido.

Corrientes de convección Movimiento del calor dentro de un líquido o un gas. Al ser calentados por debajo, los líquidos y gases se expanden, pierden densidad y se elevan. Según se alejan de la fuente de calor, el proceso contrario tiene lugar y el líquido o gas cae.

Corteza La delgada capa exterior de la Tierra compuesta de rocas. Hay dos tipos principales de corteza: la continental y la oceánica.

Deriva continental Desplazamiento de los continentes por la superficie del globo. La corteza terrestre se compone de placas tectónicas que arrastran a los continentes con ellas y que están en constante colisión unas con otras.

Desierto Región con muy bajas precipitaciones.

Dinosaurios Reptiles terrestres que vivieron durante el mesozoico (desde hace 250 hasta 65 millones de años) y que caminaron erguidos sobre las patas traseras de modo semejante a los pájaros y mamíferos actuales.

Dorsal centro-oceánica Larga cordillera submarina en la que emerge el magma a la superficie terrestre.

Erosión Nivelación del relieve terrestre como consecuencia de la acción del agua, el hielo y el viento.

Evaporación El proceso por el cual una sustancia pasa del estado líquido al gaseoso.

Evolución El proceso por el cual las formas de vida han cambiado a lo largo de millones de años, adaptándose gradualmente para sobrevivir en su entorno.

Falla Fisura de la corteza terrestre a lo largo de la cual el terreno se desplaza. Las fallas suelen tener lugar en zonas de rocas rígidas, que normalmente se parten en vez de doblarse.

Fósil Restos o huellas petrificados de seres vivientes.

Géiser Fuente natural de agua caliente o vapor, que mana violentamente de un agujero de la corteza terrestre. Un géiser erupciona cuando las aguas subterráneas entran en contacto con rocas volcánicas en estado ígneo.

Glaciar Masa de hielo que se produce debido a la acumulación de nieve y que se desplaza lentamente montaña abajo, arrastrando consigo rocas que acaban depositándose en morrenas.

Lava Magma terrestre que ha alcanzado la superficie terrestre a través de un volcán o una fisura.

Litosfera La capa más externa de la Tierra: se compone de la corteza y de la parte superior del manto terrestre.

Llanura abisal Región plana del suelo marino cubierta de una capa espesa de barro y sedimentos.

Magma Masa ígnea en fusión que se forma principalmente en la parte superior del manto terrestre y también en el interior de la corteza.

Magnetismo Fuerza invisible de atracción o repulsión entre materiales, especialmente entre aquellos compuestos de hierro.

Magnetosfera Región que rodea a la Tierra y en la que se manifiesta su campo magnético.

Manto Capa de la Tierra entre la corteza y el núcleo exterior.

Meteorito Masa de roca o metal que entra en ignición al entrar en la atmósfera terrestre y forma una estrella fugaz. En algunos casos llegan a caer sobre la superficie.

Mineral Sustancia química natural. Las rocas se componen de minerales. Los minerales son los materiales sólidos comunes que se encuentran en la Tierra.

Núcleo La capa situada en el centro de la Tierra.

Ornitisquios Dinosaurios con «cadera de lagarto». Uno de los dos grandes tipos de dinosaurios junto con los saurisquios. Tenían los huesos de la pelvis (la parte más baja del hueso de la cadera) inclinados hacia atrás.

Placas tectónicas Grandes fragmentos en los que se divide la corteza terrestre. El movimiento continuo de las placas tectónicas se conoce como tectónica de placas, que sirve para explicar la teoría de la deriva continental.

Plataforma continental La parte de un continente que yace bajo la superficie de los océanos.

Pliegue Arruga de la roca debida a la enorme presión a la que está sometida. Los pliegues suelen tener lugar en las rocas dúctiles, que normalmente se doblan en vez de partirse.

Pterosaurios Reptiles voladores que existieron desde finales del triásico hasta finales del cretáceo. Sus alas se formaron de los pliegues de la piel situados entre el cuarto dedo y la parte inferior del cuerpo.

Roca sedimentaria Tipo de roca que se produce gracias a la compactación de otros fragmentos de roca o de los restos de seres vivos.

Rocas ígneas Tipo de rocas resultado del enfriamiento y endurecimiento del magma.

Saurisquios Dinosaurios con «cadera de lagarto». Eran uno de los dos tipos más grandes de dinosaurios, junto con los ornitisquios. Tenían los huesos de la pelvis (la parte más baja del hueso de la cadera) inclinados hacia delante.

Saurópodos Dinosaurios herbívoros, cuadrúpedos y de cuello largo. Fueron los animales más grandes y pesados de todos los tiempos.

Sedimentos Fragmentos erosionados de roca que el viento, el hielo o el agua transportan a otro lugar donde se depositan.

Subducción Proceso por el cual el borde de una placa de la corteza terrestre se desliza por debajo de otra.

Terópodos Dinosaurios saurisquios carnívoros.

Terremoto Movimiento brusco del suelo causado por el desplazamiento repentino de una parte de la corteza terrestre.

Vertebrados Animales con columna vertebral.

Volcán Apertura de la corteza terrestre a través de la que emerge el magma. La denominación suele referirse a las montañas en forma de cono con una chimenea central y un cráter en la cima.

Volcán submarino Volcán producto de las erupciones por debajo de la superficie del océano.

ÍNDICE

Los números de página en **negrita** hacen referencia a las entradas principales

A

abrasión de las olas 14, 17, 20-21
acantilados 14, 16, 20, 21
aegyptopithecus 42
afluentes 16-17
agua de lluvia 16-17
aire 22, 24
alalcomeanus 28
algas azul verdoso 28
algas marinas 28
Alpes 9
altocúmulo 25
altoestrato 25
allosaurus 36
amazonas, río 16
anápsido 33
Andes 9
andrewsarchus 43
anfibios 32
    primeros 26, 31
animales,
    primeros 28
anomalocaris 28
anquilosaurios 39
Antártida 18, 19, 38
apatosaurus 38
arcos 19, 20, 21
arcosaurios 34
    primeros 26
archaeopteryx 37
arrecifes coralinos 21
arroyos 17
arsinoitherium 42-43
asteroides, colisión de 41
Atacama, desierto de 19
Atlántico, océano 8
atmósfera **22**, 23, 24, 28, 41
    capas de la 22
    temperatura de la 22
atolón 21
aurora 5, 22
Australia 19
aysheaia 28
azufre 12

B

ballenas, evolución de las 43
banco 20
    de guijarros 20
barjanes 19
barranco 15
baryonyx 39
basalto 12
brachiosaurus 36, 38

brazos 16-17
Burgess Shale 28-29

C

calamites 31
caliza 16, 17
camarasaurus 36
cambio climático 32, 34, 36, 41, 43, 44-45
cámbrico, explosión de la vida en el 26, 28
cámbrico, período 26, 28
campo magnético 5, 7
Canarias, Islas 13
Cáncer, Trópico de 23
carbón,
    ciénagas **30-31**
    formación del 30
carbonífero, período 26, 30-31, 32, 44
carnotaurus 39
cascadas 16
ceniza volcánica 12
ceratópodos 40
cetiosaurus 36
ciclo del agua 24
Cinturón de fuego del Pacífico 11
circo 18
cirro 25
cirrocúmulo 25
cirroestrato 25
clima **23**
    de montaña 19
    desértico 15, 19, 23, 34
    polar 23
    templado 23
    tropical 23, 30, 43
coelodonta 44
coelophysis 33
coelurosauravus 33
cola de caballo 31
Colorado, río 15
compsognathus 36-37
condensación 24
conos 12
continentes 6-7, 8, 9, 27
corrientes,
    caloríficas, *véase* corrientes de convección
    de convección (o corrientes caloríficas) 5, 7
    fluviales 17
    oceánicas 20, 23
corteza 12
    continental 10
    oceánica 10
costas **20-21**
Cracatoa 13
cráteres 12
cretácico, período 26, **38-39**, 40-41, 42
crevasses 18
cristales 7
cuaternario, período 26, 44
cuevas **17**

marinas 21
cúmulo 25
cumulonimbo 25

D

deinonychus 39
delta 16-17, 20
depósitos de aluvión 16-17
deriva continental 9, 14, 27, 36, 46
desiertos 15, **19**, 32
devónico, período 32, 26
diápsidos 33, 34
diatryma 43
dimetrodon 33
dinosaurios 26, 33, 34-35, 36-37, 38-39, 40
    fin de los 26, **40-41**
    fósiles de 37
    primeros 26, 34
diplodocus 36
dolinas 17
dolje 17
dorsal centro-oceánica 8, 13
dromaeosaurios 39
dunas 19

E

echinodon 36
edaphosaurus 33
Ediacara Hills 28
elevación del Pacífico este 8
eoceno, época del 42-43
eón
    fanerozoico 26
    proterozoico 26
eones arcaicos 26
epicentro 10-11
Era,
    cenozoica 26
    mesozoica 26
erosión **14-15**, 16, 17, 19
    del viento 14, 19
erupciones volcánicas 12-13, 41
eryops 31
escarcha 24
escudos volcánicos 12
estaciones **23**
estalactitas 17
estalagmitas 17
estrato 25
estratocúmulo 25
estratosfera 22
estromatolita 28
estuario 17, 20
eudimorphodon 35
euparkeria 34
evaporación 24
Everest, monte 8
evolución 27, 45
exosfera 22
expansión de los lechos marinos 7, 8
extinciones 34, 40-41, 45

F

fallas **9**, 10
farallón 20, 21
fiordos 21
foco 10
fondo marino 7, 8, 10, 21, 27
fosa
    de las Aleutianas 8
    marina 8, 10
fósiles 15, 26-27, 28, 29, 35, 45
frente (de un glaciar) 16, 18
frentes 24
fuentes hidrotermales 13

G

galliminus 38
géiser 13
gigantopithecus 44
Glaciaciones **44-45**
glaciares 14, 16-17, **18**, 21
Gobi 19
Gondwana 27, 32, 36, 38
grabens 9
Gran Cañón 14-15
granito 20
Groenlandia 18, 19, 31
Guilin, colinas de 16

H

hadrosaurios 39, 40
hallucigenia 28
Hawai 8, 13
herrerasaurus 34
hielo 14, 16, 18, 44
    capas de 32, 43, 44
    cristales de 24-25
    placas de 18, 32, 44
hierro 5, 6-7
Himalaya 8, 9
historia geológica 15, 26-27
Homo sapiens 45
horsts 9
humanos,
    evolución de los 45
    primeros 26
hylonomus 31
hypsilophodon 38

I

ichtyostega 31
iguanodon 38
indricotherium 43
insectos, primeros 26
interglaciales 45
inundaciones 14, 36
iridio 41
islas 20-21

J

jurásico, período 26, **36-37**

K

Kalahari, desierto de 19
kuehneosaurus 35

L

laguna salada interior 21
lambeosaurus 40
Lambert, glaciar 18
Laurasia 32, 36, 38
lava 7, 12, 41
leanchoilia 28
lepidendron 31
libélulas 31
licópodo 31
litosfera 8
Luna 4
lystrosaurus 27, 34
llanura abisal 8

M

magma 6-7, 12, 13
magnetismo **5**
magnetosfera 5
mamíferos 42-43
    evolución de los 41, **42-43,** 44-45
    primeros 26, 40-41
mamuts lanudos 45
manto 6-7, 11, 13
Manua Kea 8
Mar Rojo 9
mareas 20
Marianas, fosa de las 8
marismas 20
meandros 16-17
megalosaurus 36
megazostrodon 40
Mercalli, escala de 11
mesas 19
meseta rocosa 19
mesosaurus 33
mesosfera 22
meteoritos 22, 28
meteorización 14, 16, 18, 19
    debida al hielo 14, 18
    laminar 19
meteorología 24
milpiés 31
minerales 17
Mioceno, época del 43
Mohorovicic (Moho), discontinuidad de 6
Mojave, desierto de 19
montañas 14-15, 16, 18
Montañas Rocosas 9, 15
Monument Valley 19
morrenas 18
moschops 33
musgo 31
mussaurus 34-35

N

Namibia, desierto de 19
Neandertales 45
niebla 16, 25
nieve 18, 19, 24-25
Nilo, río 16
nimboestrato 25
níquel 7
nitrógeno 22
Noruega 21
nubes 22, 23, 24-25, 27
núcleo 5, 6-7, 11
    formación del 6
Nueva Zelanda 21

O

océanos 8, 28
olas 20-21
Olgas, montañas 19
oligoceno, época del 43
ondas sísmicas (de choque) 10-11
opabinia 28
ordovicio, período del 26
ornithomimus 39
ornithosuchus 34-35
ornitisquios, dinosaurios 37, 38-39
ornitomímidos 39
oviraptor 38
oxígeno 22, 28
ozono 22

P

P, ondas 11
Pacífico, océano 8
pachycephalosaurus 40
pájaros 41
    evolución de los 43
    primeros 26, 37
paleoceno, época del 42-43
Pangea 27, 32, 34, 36, 38
parasaurolophus 39
partículas solares de alta energía 5
Patagonia, desierto de la 19
peces,
    primeros 26, 29
pelicosaurio 33
península 20
pérmico, período 26, **32-33,** 44
phiomia 42
pikaia 28-29
Pinatubo, monte 13
placas
    litosféricas, *véase* placas tectónicas
    tectónicas (o litosféricas) 6, 9, 10-11, 13, 27
planetas 4
plantas,
    primeras 32, 26
    primeras con flores 26, 38
plataforma continental 8
plateosaurus 35
playas 20
plegamientos 9
pleistoceno, época del 44

pliegues **9**
polos magnéticos 5
praderas, emergencia de las 43
precámbrico 26, 28
precipitaciones 16, 19, 23, 24-25
presión, en el interior de la Tierra 5, 7
protoceratops 38
protorosaurus 33
pterodactylus 37
pterosaurios 37
    extinción de los 41
puntos calientes 13

R

rayo 28
    ultravioletas 22, 28
reptiles 32-33
    mamíferos 33, 34, 41
    marinos 33, 41
    primeros 26, 31
    voladores 37
rhamphorhynchus 37
Richter, escala de 11
Rift Valley 9
riojasaurus 34-35
ríos 14-15, **16-17,** 24
rocas 9, 10, 12, 14-15, 16-17, 18, 19, 20, 27, 30
    ígneas, 12
    sedimentarias 27
rocío 24
rotación 5

S

S, ondas 11
Sáhara, desierto del 19
Saichania 38-39
Salto del Ángel 16
saltopus 35
sanctacaris 28
Santa Helena, monte 13
Santorini, erupción del volcán 12-13
saurisquios 37
saurópodos 35, 36-37, 38
scutosaurus 33
sedimentos 14, 16-17, 27, 30
seísmos **10-11**
silúrico, período 26
sinápsidos 33
sismógrafos 10
sol 4, 23, 24
    rayos del 22
stegosaurus 36-37
stethacanthus 31
subducción, zona de 8, 10, 13

T

Takla Makan, desierto 19

talud continental 9
Tambora 13
terápsidos 33
terciario, período 26, 42
termosfera 22
terópodos 34-35, 36-37, 39
terremotos 7, 10-11, 17
tiburones 31
tiempo
    atmosférico 22, 23, **24-25**
    geológico 26-27
Tierra,
    atmósfera de la 22
    forma de la 4
    historia de la 15, **26-27,** 32-45
    inclinación del eje de la 23
    morfología de la 9, 14-21
    movimientos de la 9, 10-11, 14-15
    órbita de la 23
    origen de la 6, 26
    por dentro 5, **6-7**
    rotación de la 23, 44
    temperatura de la superficie de la 23, 24
    temperatura del interior de la 5, 6-7
tiranosaurios 39
Tokyo, terremoto de 11
triásico, período 26, 33, **34-35,** 41
triceratops 40-41
troposfera 22
tsunamis 11
turba 30
tyrannosaurus rex 40-41

U

uintatherium 43

V

valle 16, 18, 21, 44
vapor de agua 24
vertebrados
    primeros 29
Vesuvio 13
vida,
    marina 31
    origen de la 28
    primeras de **28**
vientos 19, 20-21, 23, 24
    alisios 23
    solares 5
volcanes 11, 12-13, 21
    activos 12
    apagados 12
    estratovolcanes 13
    submarinos 8

W

wiwaxia 28